知的な
話し方が
身につく

教養としての日本語

明治大学教授
齋藤 孝
Saito Takashi

はじめに

「品のある人だな」
「聡明で仕事ができそうな人だな」
「何だか、話し方が子どもっぽいな」
「まだ学生気分が抜けていないのかな」

私たちは会話をしながら、知らず知らずのうちに相手の〝人となり〟を感じ取っています。なぜなら、**発せられる言葉や使われる表現には、その人の品格や知性といった「教養」が滲《にじ》み出てくる**からです。

「言葉は身の文《あや》（その人が話す言葉を聞けば、どのような人物かが分かる）」
「文は人なり（文章を見れば書き手の人となりが読み取れる）」

などと言われるように、**言葉とはその人の内面を如実に映し出す〝鏡〟**なのです。

私はこれまで数多くの書籍や雑誌、テレビの取材で、また受け持っている大学の授業やあちこちの講演会で、事あるごとに「**語彙力**《ごいりょく》」**の重要性**を訴えてきました。

論理的に思考する。感情を的確に表現する。こちらの真意を伝え、相手の真意を理解する――。社会生活を営む上で不可欠なこれらの行為は、いずれも「言葉」によって支えられています。

そう考えれば、**言葉のストックが豊富で、かつ「適切な場面で適切な言葉を使える力」が高いほど、思考はより深く、表現はより幅広く、コミュニケーションはより円滑に、相互理解はより正確になる**のは言うまでもありません。

日本語は豊かで奥が深い言語です。平仮名があり、片仮名があり、漢字がある。膨大な語彙があり、あまたの文体があり、多様な表現がある…。

中でももっとも日本語らしい言葉、日本語を日本語たらしめている言葉と言えるのが「**慣用句**」です。

とくに**日本古来の「大和言葉」と、中国から取り入れた「漢語（漢熟語）」を組み合わせた慣用句は、日本語表現の〝生命線〟**だとさえ思います。

この**慣用句をどれだけ知っているか。その意味を理解し、日常のコミュニケーションに応用できるか。**たとえば――

飲み会の席で、

「アイツが女の子にフラれた話なんて**枚挙《まいきょ》にいとまがないよ**」と聞かされて、「彼はこれまで何度もフラれている」ことが分かるかどうか。

直属の上司から、

「報告書は**細大漏《さいだいも》らさず**、ちゃんと書くように」と指示されたら、「些細《ささい》なこともすべて書けってことだな」と理解できるかどうか。

職場の先輩に、

「見ろよ、部長の顔。**憤懣《ふんまん》やる方ない**って感じだな」と耳打ちされたら、「あれは、かなり頭にきてますね」と返答できるかどうか。

こうした状況に置かれるたびに、「は？　どういう意味？」となってしまうようでは、社会人としての教養を疑われかねません。

同じ意味なのだから、「数えあげたらきりがない」「細かいことも重大なことも全部」「激怒している」という言い方でいいじゃないか――。そんな声があるかもしれません。

でも、そうではないんですね。

一つの意味を様々な表現で言い表す。慣用句という日本語表現の軸となる言い回しを身につけ、それを使いこなす。そうすることで私たちは、自分の中に、それだけ**多くの視点や広い視野、豊かな世界観を持つ**ことができます。

広くて深い〝日本語の海〟を自由自在に泳ぎ回り、**臨機応変に的確な言葉を掬《すく》い上げることができる。これこそが「語彙力」であり、「頭のよさ」であり、私たちが「身につけるべき教養」なのです。**

ただ残念なことに、多くの人が日本語表現としての「慣用句」や教養としての「語彙力」を身につけるための専門的な学習をしてきていません。小・中・高と学校の授業でも、そうした機会はほとんどないのが実情です。

外国語学習に多くの時間を割くこともちろん重要です。しかしそのベースとして、母語である日本語の奥深さと可能性を知ること、状況に応じて言葉を選び、適切に使いこなす力の習得にこそ、もっと目を向け、力を注ぐべきなのです。

そんな〝**学校では教えてくれない**〟**教養としての日本語を身につけていただきたい**。そのキッカケにしていただきたい。その思いでこの本をつくりました。

本書では、「漢語＋大和言葉」で構成される慣用句の中から「社会人として知っていてほしい」表現を３００語集めて、１００語ずつ３つのレベルに分類しています。

さらに、慣用句とともに日本語の軸を成す「四字熟語」「故事成語」１００語を加え、「漢語」部分を空欄にした「穴埋めテスト」形式でまとめました。

それぞれに、言葉の成り立ちや意味合い、含み持つニュアンスなどの簡単な解説と日常で使う際の具体的な例文も添えています。また、コラムでは、ビジネスシーンやビジネス文書で使える言い回しを取り上げました。

言葉は教養の柱。言葉を知れば知るほど、心も、人生も豊かになります。

自分はどれだけ言葉を、慣用句を、日本語を身につけているのか——。まずはご自身の言葉を、語彙力という教養の観点から見つめ直してみませんか。本書の「４００語の日本語表現」は、そのための絶好のテキストになるはずです。

齋藤　孝

もくじ

□を落とす 災難を避けるためにまじないをすること。 36
□に秀でる 特定の分野で極めて優れた能力を持っていること。 37
□にない まったく意に介さず、相手にしないこと。 37
□を要する すぐに対応する必要があること。 38
□に甘える 相手の親切を受け入れること。 38
□を祝う 新しい生活の始まりを祝福すること。 39
□を招く 相手に間違わせるような言動をすること。 39
□を傾ける 熱い感情を集中させること。 40
□を雪ぐ 不名誉な評判や悪評を払拭すること。 40
□を欠く 必要な気遣いをしていないこと。 41
□を踏む 感情が昂って激しく地面を踏むこと。 41
□を与える 実行までに時間的余裕を与えること。 42
□を揃える 関係者が首を垂れて集まること。 42
□を抜かす 一つのことに必要以上に熱中すること。 43
□を装う 興味がないふりをすること。 43
□盛る 毒薬を飲ませること。 44
□に屈する 強い働き掛けに負けて従うこと。 44
□に瀕する 危ない状況に陥ること。 45
□を取る 人の気持ちを和らげ、気に入られるように振る舞うこと。 45
□に取る 他人を思うままに動かすこと。 46
□を切る 自分のお金で支払うこと。 46
□を断つ 逃げ道をなくすこと。 47
□に乗る うまく言いくるめられて騙されること。 47
□に回る 問題が起きてから対応すること。 48
□がつかない 事態が混乱してどうにもできないこと。 48
□を食う 途中でほかのことに時間を費やすこと。 49
□を持つ ものごとの道理をわきまえて行動すること。 49
□を占める 全体の一部を占有している様子。 50
□を図る 事態に対処するために人々を一つにまとめること。 50
□を広める 見たり聞いたりして新しい知識を得ること。 51
□を奏する 作戦が成功して、よい結果につながること。 51
□を共にする 一緒に生活をすること。 52

もくじ

2 中級レベル

日常会話にさりげなく使える

もくじ

□を酌量する
様々な事情に配慮して処置すること。 101

□に出る
自由が束縛されている状況から脱すること。 101

□を切る
挨拶をして筋を通すこと。 102

□を喫する
大きな差をつけられて負けること。 102

□を揚げる
威勢がよく、やる気にあふれていること。 103

□が尽きる
これ以上どうしようもなくなること。 103

□を覆す
事前の評価を一転させてよい評価を得ること。 104

□を保つ
他人からの評価を落とさずに済むこと。 104

□がつく
おおよその見通しが立つこと。 105

□を難ずる
他人の欠点や失敗を責めること。 105

□が上がる
勝利の判定を下すこと。 106

□を振る
他人の評価を気にせず、自信を持って行動すること。 106

□が垂れ込める
よくないことが起こりそうな雰囲気になること。 107

□を担ぐ
人をおだてたり、褒めそやすこと。 107

□を張る
弱い部分を隠し、強そうに振る舞うこと。 108

□に付す
大きな問題にはしないでおくこと。 108

□に感じる
人の気持ちに動かされて自分の気持ちが乗ってくること。 109

□に逸る
興奮して分別のない行動をすること。 109

□を突く
予想外のことをして驚かせること。 110

□にいとまがない
数え上げるときりがないこと。 110

□を許さない
その分野においてとくに優れていること。 111

□に終わる
苦労が報われないまま終わること。 111

□を掴む
ものごとのきっかけを得ること。 112

□を誤る
感覚的で大雑把な予想が外れること。 112

□を呑む
息を殺して成り行きを見守ること。 113

□を辿る
変わることなく悪い方向に向かい続けること。 113

□を飾る
雑誌などで、最初に大きく取り上げられること。 114

□を果たす
前に負けた相手に勝って名誉を挽回すること。 114

□に耐えない
まともに見られないほどひどい状況であること。 115

□に担う
重責ある任務を引き受けること。 115

3 表現に深みが出る 上級レベル

もくじ

□を決する
はっきりと決着をつけること。 162

□を潰す
財産をすべて使ってなくしてしまうこと。 163

□を洗う
とても貧しいこと。 163

□を弄する
人が喜びそうなうまい話をすること。 164

□に溺れる
酒と女性以外への興味を失ってしまうこと。 164

□を来す
ものごとに食い違いが生じること。 165

□に付す
適当に放っておくこと。 165

□を告げる
大きな変化が起こりそうな、不穏な気配がすること。 166

□を保つ
辛うじて存続していること。 166

□を弄する
嘘を本当だと思わせるように働き掛けること。 167

□を叫ぶ
いい気分で歓声を上げること。 167

□の色を浮かべる
恥ずかしさが表情に表れている様子。 168

□に帰す
燃え尽きて何もなくなってしまうこと。 168

□にも掛けない
まったく意に介さず、相手にしないこと。 169

□を託つ
能力が世に認められないことを嘆くこと。 169

□を拝する
競争で追い越される立場になること。 170

□を果たす
思いがけず運命的な出会いをすること。 170

□を貪る
何もせず、怠けてばかりいること。 171

□に落ちない
ほかの人と比べて劣っていないこと。 171

□を重ねる
ただ、いたずらに年を重ねること。 172

□を示す
自分の能力を信じて抱く誇りのこと。 172

□に降る
競争に負けて相手に降参すること。 173

□を得る
思いがけない偶然の幸運に恵まれること。 173

□迫らず
ゆったりと落ち着いて動じない様子。 174

□やる方ない
腹が立ってどうしようもないこと。 174

□に触れる
目上の人が嫌がることを言って機嫌を損ねること。 175

□を守る
一人だけで自分の立場や考えを守ること。 175

□に載せる
議論の対象、テーマとして取り上げること。 176

□を買う
発言や振る舞いで人に嫌がられること。 176

□を託つ
退屈でどうしようもないこと。 177

4 一目置かれる人の 四字熟語 故事成語

雨垂れ□を穿つ
小さな努力が実を結び、大きな成功を手に入れること。 193

上意□
上層部の考えを下の者に伝えること。 193

笑止□
極めてばかばかしいこと。 194

人事を尽くして□を待つ
やることをやったら、その結果は天に任せるということ。 194

針小□
ものごとを誇張して言うこと。 195

切磋□
仲間同士で競い合って能力を向上させること。 195

千載□
千年に一度しかないような、絶好の機会のこと。 196

□併せ呑む
善も悪も分け隔てなく受け入れること。 196

□暮改
方針が絶えず変わり、一定しないこと。 197

深謀□
深く考えを巡らせ、遠い先々を見通すこと。 197

□の陣
切羽詰まった状況で覚悟の上で事にあたること。 198

□争論
様々な議論を戦わせること。 198

□を容れず
わずかな時間も置かないさま。 199

一蓮□
仲間と行動や運命を共にすること。 199

□合一
真の知識は、実践を通して得られるということ。 200

□無礼
丁寧過ぎる態度や言葉が失礼になること。 200

□の石
自分の教訓となるような、他人の誤った行いのこと。 201

厚顔□
厚かましく、恥知らずなこと。 201

荒唐□
根拠がなくでたらめであること。 202

□の礼
礼儀を尽くして仕事を依頼すること。 202

当意□
機転を利かせて即座に対応すること。 203

青天の□
予想もしない突然の出来事のこと。 203

□は糾える縄の如し
幸福と災いは交互に訪れるものである。 204

国士□
ほかに並ぶ者がいないほど優れた人のこと。 204

□の功
貧しさに負けずに学び、大きな成果を手にすること。 205

□に入らずんば□を得ず
危険を冒さなければ、目的を達成することはできない。 205

五里□
見通しが立たず、どうしたらよいのか迷うこと。 206

□が動く
食欲がわくこと。転じて、あるものごとに興味がわくこと。 206

もくじ

・空欄に入る語句に複数の「正解」がある場合は、頻度の高いものを掲載した。
・語句の由来、解釈、漢字の読みには諸説あるので代表的なものを示した。

1

恥をかく前に押さえたい

初級レベル

最初の 100 語は、「知っていて当然、使いこなせてあたり前」レベルの初級編。普段の暮らしでも頻繁《ひんぱん》に登場する、慣用句の〝基礎の基礎〟を集めました。

〝いい大人〟なら、「分からない」では済まされない!

1 □をつける

善悪や是非などをはっきりとさせること。

曖昧《あいまい》になっているものやモヤモヤしていることに「決着をつける」という意味。**両極にある二つのものを「黒」と「白」の色にたとえた表現**です。空欄に入るのは「黒白」もしくは「白黒」、どちらも正解。ただ「黒白」は「こくびゃく」、「白黒」は「しろくろ」と読み方が異なります。

答 黒白《こくびゃく》、白黒《しろくろ》

使い方 正しいかどうかの**黒白をつける**時がきた。

2 □取《と》られる

議論などで見事にやり込められること。

柔道や剣道で技がきれいに決まり「一本負け」を喫することから転じて、「見事なまでにやられる」という意味。「恐れ入った」「ぐうの音も出ない」というニュアンスです。とくに**議論において、相手の言い分に理があってこちらは何も反論できない**、といった場合によく使われます。

答 一本《いっぽん》

使い方 「うまいこと言うね。こいつは**一本取られたな**」

3 最初の頃の純粋な気持ちに返ること。

□に返《かえ》る

始めたばかりの頃の純粋な気持ち、**最初の頃の素直な気持ちなどを今一度思い出して事に臨むこと。**あの頃の気持ちに〝立ち返る〟ので、「返る」を使います。
空欄は「初心」。この表現での読みは「しょしん」ですが、単独だと「初々《ういうい》しい」を表す「うぶ」と読ませることもあります。

答 初心《しょしん》

使い方 **初心に返って**勉強し直そう。

4 よいか悪いかを占いで判断すること。

□を占《うらな》う

「占う」は、様々な兆候から縁起のよし悪しや将来の成り行きを予想すること。
空欄に入るのは「よいこと、さいわい＝吉」と「悪いこと、わざわい＝凶」を組み合わせた言葉、「吉凶」。「吉凶を占う」で、先々どうなるのかを**〝占い的な手段〟で予想する**という意味になります。

答 吉凶《きっきょう》

使い方 開店初日の売上げが今後の**吉凶を占う**指標になる。

5 公費から出すべきお金を自分で負担すること。

□を切《き》る

経費で落ちるものを自分のポケットマネーで払う、「**自分が負担する必要のない費用を自分の懐から払う**」という意味で使います。

空欄に入るのは「自分の金＝自分の腹＝自腹」で、ここでの「切る」は「金を使う」の意味になります。類語に「身銭を切る」（→P46）「自費で払う」などがあります。

答　自腹《じばら》

使い方　経費削減で、備品を買うのに**自腹を切ってい**る。

6 感情や雰囲気などが最高潮となること。

□に達《たっ》する

そもそもは「てっぺん（いちばん高い所）に到達すること、トップになること」。そこから派生して「**感情や状態がピークを迎えること**」も意味します。

よって空欄は「トップ」「ピーク」両方を表す「頂点」が正解。盛り上がりなどが「頂点に達する」などとして使われます。

答　頂点《ちょうてん》

使い方　その言い訳を聞いて、上司の怒りは**頂点に達した**。

7
状況に応じて扱い方を調整すること。

□を加《くわ》える

事情や状況を考慮して手加減する、寛大に扱うことを意味する表現。簡単に言えば**特別扱いすること**です。

この空欄に入る言葉は「手心」が正解。「手心」は「手が覚えている技術、ものの扱い方＝手の心」が転じて、「相手のことを考えて適切に扱うさま」を表しています。

答 手心《てごころ》

使い方 今回の不祥事《ふしょうじ》では、一切**手心を加えず**に厳正な処分を行った。

8
うまくいかなかった時に備えて代替案を用意しておくこと。

□を掛《か》ける

ことわざなら「備えあれば憂《うれ》いなし」、カタカナ語なら**「リスクヘッジ」や「リスクマネジメント」**などに近い表現です。

ものごとがうまく運ばなかった時でも対応できるように、あらかじめ別の手（オルターナティブ）を準備しておく。その姿勢を「万が一に備えた保険への加入」にたとえています。

答 保険《ほけん》

使い方 念のため、**保険を掛けて**別案を用意しておこう。

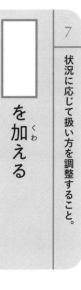

9

力を使い切らずに残しておくこと。

□を残《のこ》す

何事も最初から全力で飛ばすと後々バテてくるもの。そうならないように**先々を見通してペース配分を考え、力を温存しておくこと**を意味します。そのために「余らせておく＝残しておく」力が「余力」です。

結果として「余り」、別のことに回せる「余分な力」という意味で使うこともあります。

答　余力《よりょく》

使い方　後半で息切れしないように**余力を残して**おこう。

10

自分の考えを変えず、主張を譲らないこと。

□を通《とお》す

他者に屈せず自分の主張を押し通すこと。空欄には「自分」を指す言葉、「我」が入ります。**いい意味なら「信念を貫く」**、**悪い意味なら「わがまま」**、どちらのニュアンスでも使われます。

類語は「我を張る」「我を立てる」、対義語は譲歩《じょうほ》する意味の「我を折る」です。

答　我《が》

使い方　そこまで**我を通す**からには自信があるんだろう。

11

見事に騙《だま》されること。

□食《く》わされる

企《たくら》みや仕掛けにまんまと騙されること。テレビの〝ドッキリ〟に引っ掛かるタレントさんは、まさにこの状況と言えます。類語に「口車に乗る」という表現があります。こちらは「言葉巧みに騙される」「おだてに乗る」という意味で、より悪質な詐欺行為などの場合に使われます。

答　一杯《いっぱい》

使い方　今回ばかりはさすがに**一杯食わされた。**

12

何も言わず、黙り続けること。

□を守《まも》る

ここでの「守る」は「状態を保つ、維持する」の意味で、標題は「**黙ったまま**（＝**沈黙**）**で居続けること**」です。そこから、話し始めることは「沈黙を破る」と言います。また「沈黙」には、「行動を起こさず、じっとしている」という意味も。「長い沈黙を破って活動を再開する」などと使われます。

答　沈黙《ちんもく》

使い方　普段は雄弁な彼が、なぜか今日の会議では**沈黙を守って**いる。

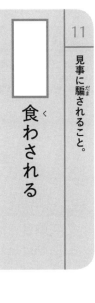

13

ひどく怒ったり、興奮したりすること。

□を立《た》てる

頭に血が上《のぼ》って、顔面に**血管が浮き出るほど激しく怒っているさま**を表す言い回し。

空欄には、こめかみの辺《あた》りに青く浮き出て〝筋〟のように見える怒張した静脈を指す「青筋」が入ります。

類語には「血相を変える」「目を吊り上げる」「頭から湯気を立てる」などがあります。

答　青筋《あおすじ》

使い方　「新人の小さなミスに、いちいち**青筋を立て**ても仕方ないよ」

14

本当の人間性を明らかにすること。

□を暴《あば》く

「暴く」は「暴露《ばくろ》する」の「暴」。本来「土を掘り返して、埋められているものを取り出す」こと。そこから、「**人がひた隠しにしている秘密を探り出して露見《ろけん》させ、公《おおやけ》に知らしめる**」の意味で使われます。

空欄は「本性」。「本当の人間性、生まれつきの性質、性格」を意味します。

答　本性《ほんしょう》

使い方　清廉潔白《せいれんけっぱく》で売っていた政治家が、週刊誌に**本性を暴かれる**。

15

目上の人から一定の評価を得ること。

□に適《かな》う

目上の人、地位や立場が上の人に実力を評価され気に入られることを表す言い回し。「適う」は「適合する＝ぴったり合う」です。

空欄には「眼鏡」もしくは「お眼鏡」が入ります。ここでは視力矯正用の道具ではなく、**「人の能力や資質などを見抜く力、目利《めき》き」**の意味で使われています。

答　**眼鏡《めがね》**

使い方　監督の**眼鏡に適う新人**俳優をオーディションで探す。

16

明確に距離を置くこと。

□を引《ひ》く

人間関係において、「これ以上立ち入られたくない」「立ち入らせない」と決めて相手と距離を取ること。**自分のテリトリーを守るために、境界線を引いて相手の侵入を防ぐ**というニュアンスです。「相手との境界線」「区切り」の意味で「一線」を用います。類語に「距離を置く」などがあります。

答　**一線《いっせん》**

使い方　お互いに**一線を引いた**つき合いの方が快適だ。

17

驚愕《きょうがく》や恐怖で青ざめること。

□を失《うしな》う

ショックや驚きで真っ青になる、恐怖や不安に直面して血の気が引くといった状況で、**顔色《かおいろ》から生気が失われていくこと**を「顔色を失う」と表現します。「かおいろ」ではなく「がんしょく」と読みます。

また、圧倒され過ぎてやる気を失うことを「顔色を失う」「顔色なし」と言います。

答　**顔色《がんしょく》**

使い方　書類のミスに気づき、思わず**顔色を失った。**

18

願いが叶《かな》うようお祈りをすること。

□を掛《か》ける

ものごとの成就《じょうじゅ》を願って神仏に祈ること。平たく言えば**「神頼みをする」こと**です。「願掛け」「願を立てる」とも言います。

神仏に祈願するだけでなく、願いが叶うまで何かを我慢する（断つ）、絵馬や大切なものを奉納する、お百度を踏むなど、様々な方法があります。

答　**願《がん》**

使い方　仕事が成功するように神社で**願を掛ける。**

19

予想が現実となる可能性が濃くなること。

□を帯《お》びる

ここでの「帯びる」は「気配や傾向が感じられる」。「現実」に接尾語「味」をつけた「現実味」と合わせ、「**現実っぽい感じになる**」という意味になります。

「味」は「～のような感じ」のニュアンスの接尾語。ほかに「真実味」（真実っぽさ）、「人間味」（人間らしさ）のように使われます。

答　**現実味《げんじつみ》**

使い方　今期中での目標達成が**現実味を帯びて**きた。

20

激励して、やる気や勢いを高めること。

□をつける

落ち込んだり、どんよりした気分を晴らしたりするために「パーッといこう！」と盛り上げること。**気分を盛り立て元気づけること。**

空欄に入るのは「景気」。ここでは経済状況ではなく、「景気の悪い顔（元気のなさそうな表情）」のような「活気、威勢」などを意味します。「景気づけ」とも言います。

答　**景気《けいき》**

使い方　**景気をつける**ために月末に飲み会を企画した。

21

吉凶を推し量り、よい結果を願って行動すること。

□を担《かつ》ぐ

「縁起」はものごとの吉凶（よい悪い）の前触れのこと。茶柱が立つと「縁起がいい」、夜にツメを切ると「縁起が悪い」など、**ものごとや言動が「よい前兆」か「よくない前兆か」を気にすること**を「縁起を担ぐ」と表現します。「担ぐ」は「気にする」の意味。「験《げん》を担ぐ」とも言います。

答　縁起《えんぎ》

使い方　**縁起を担いで**勝負の日はカツカレーと決めている。

22

商売がうまくいかず、お客さんがこないこと。

□が鳴《な》く

店にお客さんが集まらず、ガラガラで閑散としている状況を指す表現です。

空欄に入るのは、人里離れた山中や森林湖畔などの**静かな場所で鳴く鳥・カッコウの別名「閑古鳥」**。お客さんがこなくてさびれている様子を、カッコウが鳴くようなひっそりと静かな場所にたとえています。

答　閑古鳥《かんこどり》

使い方　この辺は過疎化が進み、商店街はどの店も**閑古鳥が鳴いて**いる。

23

抵抗できないような強い眠気が起こること。

□に襲《おそ》われる

我慢できないほど眠くなるさまを意味します。強烈な眠気を「**起きていなければいけないのに、眠りの世界に引きずり込もうと誘惑する魔物**」にたとえた表現です。

魔物の誘惑に負けて居眠りしてしまうと、〝眠りの海〟に出て「舟をこぐ＝こっくりこっくりする」状態になります。

答　睡《すい》魔《ま》

使い方　**睡魔に襲われ**ながらも、徹夜で資料を作成する。

24

生活するための方法を確立すること。

□を立《た》てる

収入を得て生活することを意味する表現。会社勤めで給料をもらう、店舗経営で利益を得る、小説を書いて印税を稼ぐといった、**生活するための手段**、収入を得る方法のことを「生計」と言います。

続く「立てる」には「維持する」「保つ」「成り立たせる」などの意味があります。

答　生《せい》計《けい》

使い方　フリーの翻訳者として**生計を立てて**いる。

25

相手に何らかの不利益をもたらすこと。

□を与《あた》える

自分の行為・行動が、他者に「不利益」や「損失」などをもたらすことを意味します。ここでのポイントは「与える」です。「与える」は「自分のものを人にあげる」「授ける」「提供する」などを表しますが、この言い回しでは「**何らかの影響を及ぼす、結果をもたらす**」を意味しています。

答　損害《そんがい》

使い方　急な発注減で、納入業者に相当の**損害を与えて**しまった。

26

相手をひどく驚かせること。

□を抜《ぬ》く

心底びっくりさせること。空欄には「心」を表す「肝」に、強調の接頭語「度」をつけた「度肝」が入ります。「肝」は肝臓や臓器全般を指しますが、転じて「心」「精神」などの意味も持ちます。そこから「**心を抜かれるほどの驚きを与えること**」になりました。「肝をつぶす」も同じ意味で使われます。

答　度《ど》肝《ぎも》

使い方　従業員たちの**度肝を抜く**異例の大抜擢《ばってき》だった。

27

力によって要求を通そうとすること。

□に訴《うった》える

暴力をものごとの解決の手段に使うという意味。ここでの「訴える」は「**ものを言わせる**」に近い意味で用いられます。暴力に限らず、腕力や体力、資金力などの力を手段にする時にも使われます。「腕力に訴える」とも言います。裁判所などに申し立てる「訴える」ではありません。

答　暴力《ぼうりょく》

使い方　**暴力に訴えて**でも前言を撤回させてやる。

28

しっかり準備を整えて機会を待つこと。

□を持《じ》す

由来は『史記』の「越王勾践世家《えつおうこうせんせいか》」に出てくる「持満《じまん》」という言葉です。「満」は弓を引き絞《しぼ》った状態のこと。「持満」は「いつでも矢を射られるように、弓をいっぱいに引き絞ったままで維持する」ことです。そこから「**十分に準備した上で、好機を待つ**」状況を表すようになりました。

答　満《まん》

使い方　ケガを完治させ、**満を持して**の一軍復帰となった。

29

感動して涙がこみ上げてくること。

□が熱《あつ》くなる

深く感動すると、ウルッとして涙腺が緩《ゆる》み、涙が出てくることがあります。その時「目頭」が熱くなったまま、目を開けていると涙が出ます。目頭は「目の、鼻に近い所」。ここに涙腺があるわけではありませんが、「目頭を押さえる」など、**涙が浮かぶ場所のニュアンス**で使われています。

答 目頭《めがしら》

使い方 立派に成長した姿に、思わず**目頭が熱くなる**。

30

災難を避けるためにまじないをすること。

□を落《お》とす

生命や健康、安全を損なうような災難や不幸を表す漢字に「厄年」の「厄」があります。厄年の厄を避けるための行事が「厄落とし」。**大切なものやいつも身につけているものを〝故意に〟落とすこと**で、それ以上の災いが起こらないとされています。「厄を払う」とも言います。

答 厄《やく》

使い方 最近、災難続きなので、神社で**厄を落として**もらおう。

31

特定の分野で極めて優れた能力を持っていること。

□に秀《ひい》でる

「ほかのことはともかく、〇〇については誰にも負けない」「特定の分野に極めて精通し、突き詰めた専門性を持っている」など、**一つの分野の知識や技術がずば抜けて優れている**といった意味の表現です。

「秀でる」は「抜きん出る」「突出して優秀」などの意味を表しています。

答　一芸《いちげい》

使い方　**一芸に秀でて**いる人材を採用したい。

32

まったく意に介さず、相手にしないこと。

□にない

人やものごとを重要視せず、何の関心も執着も持たないこと。**何とも思わない、どうでもいいという心境で無視しているさま。**

自分の見える範囲（関心の及ぶ範囲）にまったく存在していないことから、「眼中にない」という表現になりました。

類語には「歯牙《しが》にも掛けない」など。

答　眼中《がんちゅう》

使い方　「私には、彼以外の男性は**眼中にない**んです」

33

すぐに対応する必要があること。

□を要《よう》する

時間的な余裕がなく、「**急いでやるべき、すぐやるべき**」という切迫した状況を表す言い回し。空欄は、急ぐの「急」もしくは「緊急」が正解です。「一刻を争う」とか「火急の」という表現もあります。

対義語には、新型コロナ禍《か》の際に巷《ちまた》でよく使われた「不要不急」などが該当します。

答 **急《きゅう》**

使い方 本件は**急を要する**最優先事項だ。

34

相手の親切を受け入れること。

□に甘《あま》える

自分に対する親切や気遣いを、素直に受け入れる態度を表現する言葉。「お言葉に甘えて〜する」にも同じ意味があります。

「甘える」は「**遠慮せずにありがたく享受する**」こと。空欄に入る言葉には、好感や愛情から生まれる「好意」のほか、配慮や思いやりを意味する「厚意」もあります。

答 **好《こう》意《い》**

使い方 「今回はご**好意に甘えさせて**いただきます」

35

新しい生活の始まりを祝福すること。

□を祝《いわ》う

卒業や結婚、就職や転職など、人生には様々な節目があります。その節目を迎え、**これまでと違う生活を始める人を祝福、**激励することを「門出を祝う」と言います。

「門出」とは、元々は「家を出発して旅に出る」こと。そこから「新たな人生への旅立ち」を意味するようになりました。

答 **門出《かどで》**

使い方 転職する後輩の**門出を祝って**乾杯する。

36

相手に間違わせるような言動をすること。

□を招《まね》く

その振る舞いによって「事実とは違う理解、誤った解釈」をもたらしてしまうことの表現。ここでの「招く」は「災いを～」「破綻《はたん》を～」のように、「**好ましくない状況を引き起こす**」という意味で使われます。

また、誤解を正してわだかまりをなくすことは「誤解を解く」になります。

答 **誤解《ごかい》**

使い方 **誤解を招く**ような彼の態度に翻弄《ほんろう》される。

37

熱い感情を集中させること。

□を傾《かたむ》ける

燃え立つような熱い思い（情熱）を、一つのものに集中して注ぐことを表します。「傾ける」は「斜めにする」「不安定にする」「危うくする」などを表しますが、ここでは、「**気持ちや力をものごとに集中させる**」という意味で使われています。類語は「夢中になる」「寝食を忘れる」など。

答 **情熱《じょうねつ》**

使い方　高校の三年間、ラグビーだけに**情熱を傾けて**きた。

38

不名誉な評判や悪評を払拭《ふっしょく》すること。

□を雪《すす》ぐ

「雪ぐ」は「すすぐ」もしくは「そそぐ」と読み、「水で洗って清める」の意味。新たな名誉を得ることで、それまでの悪い評判や恥ずかしい評価を洗い流す。つまり「**名誉を挽回《ばんかい》する**」ことです。類語には、「雪」を使った「雪辱を果たす」や、「汚名」を用いた「汚名返上」などがあります。

答 **汚名《おめい》**

使い方　慈善活動に打ち込むことで、過去の不祥事《ふしょうじ》の**汚名を雪ぐ**。

39

必要な気遣いをしていないこと。

□を欠《か》く

相手の事情や気持ちを考えない、無遠慮、気が利かないといった意味で使われます。

空欄に入るのは「配慮」。「慮」は「よく考える」で、「**考えを配る＝配慮＝気配りや気遣い**」の意味になります。「思慮」と混同しがちですが、「思慮」は「考えること」、「配慮」は「気遣うこと」で、意味が異なります。

答　**配慮《はいりょ》**

使い方　被害者への**配慮を欠いた**強引な取材に非難の声が上がる。

40

感情が昂《たかぶ》って激しく地面を踏むこと。

□を踏《ふ》む

地面を足で激しく踏み鳴らすほどに感情が昂っているさま、または実際に踏み鳴らす行為を指す表現。悔しさや怒りなど、抑えられないネガティブ感情による**ストレスを〝地面にぶつけている〟イメージ**です。

空欄には「製鉄の際に空気を送る装置＝じだたら」が転じた「地団駄」が入ります。

答　**地団駄《じだんだ》**

使い方　ライバルに手柄を持っていかれ、**地団駄を踏んで**悔しがる。

41

実行までに時間的余裕を与えること。

□を与《あた》える

本来ならすぐに実行すべきことを一定期間延期するという意味の言葉で「猶予を与える」になります。裁判の判決などでよく聞く「執行猶予」も、すぐにすべき刑の執行を保留して先送りする制度のこと。

平たく言えば「**ちょっと待ってあげる**」「時間をあげる」ということです。

使い方　「三日の**猶予を与える**ので、その間に考え直しなさい」

答　猶予《ゆうよ》

42

関係者が首《こうべ》を垂《た》れて集まること。

□を揃《そろ》える

ただ単に「集まる」のではなく、「**役に立たない人たちが寄り集まる**」といった侮蔑《ぶべつ》や軽蔑《けいべつ》のニュアンスを多分に含んでいます。

空欄に入る「雁首」は、元はキセルの頭部のたばこを詰める部分の形が雁の首に似ていることから。転じて、人の首や頭、顔を、蔑《さげす》みを込めて表す俗語になりました。

使い方　社長のイエスマンばかりが**雁首を揃えて**も、何も解決しない。

答　雁首《がんくび》

43

一つのことに必要以上に熱中すること。

□を抜《ぬ》かす

ほかのことが手につかないほど、一つのことに心を奪われて夢中になるさま。その状態を**「魂が抜かれ、現実世界から引き離される」というイメージ**でたとえています。

空欄は「夢現《ゆめうつつ》」の「現」で、「現実」の意味。「ギャンブルに現を抜かす」など、主にネガティブな意味合いで使われます。

答　現《うつつ》

使い方　試験前なのに勉強もせず、ゲームに**現を抜かして**いる。

44

興味がないふりをすること。

□を装《よそお》う

「ものごとに対して興味や関心がないふりをする」の意味。

ここでの「装う」は「美しく飾る」ではなく、「見た目や言動を取り繕《つくろ》って、**あたかもそうであるかのように見せかける＝ふりをする**」の意味。ほかに「平静を装う」「他人を装う」のようにも使われます。

答　無《む》関《かん》心《しん》

使い方　彼がすごく気になるのに、なぜか**無関心を装って**しまう。

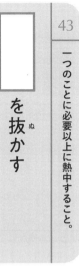

45

毒薬を飲ませること。

□盛《も》る

時代劇などでも使われる言い回しで、「人を殺すために毒を飲ませる」という意味です。また、**少額の賄賂《わいろ》を「鼻薬《はなぐすり》」と言うことから、「袖《そで》の下を渡す」の意味で使うことも。**

空欄の「一服」は粉薬一回分のこと。粉薬を量る時匙《さじ》に盛ることから、薬を調合して飲ませることを「盛る」と表現します。

答 一服《いっぷく》

使い方 誰かに**一服盛られた**ことが死因に違いない。

46

強い働き掛けに負けて従うこと。

□に屈《くっ》する

上層部からの力が働いて仕方なく捜査を打ち切る――刑事ドラマによくあるシーンのように、威圧して従わせようとする**強大な力に負けて服従すること**を指します。

「屈する」は「屈服する」「抗《あらが》えずに従う」を意味する言葉。「敵に屈する」、「権力に屈する」などと使われます。

答 圧力《あつりょく》

使い方 取引先の**圧力に屈して**納期の前倒しを了承した。

47

危ない状況に陥《おちい》ること。

□に瀕《ひん》する

「瀕する」は「死に瀕する＝瀕死」など、よくない事態が間近に迫っている、深刻な事態が差し迫っている状況を表します。

「**危ない状況が目の前に迫っている**」という意味なら、空欄には「危機」が適切。「絶滅の危機に瀕する」のように使われます。「危殆《きたい》に瀕する」と言うこともあります。

答　危機《きき》

使い方　楽観的な状況から一転、**危機に瀕して**いる。

48

人の気持ちを和らげ、気に入られるように振る舞うこと。

□を取《と》る

相手が喜ぶように働き掛けて自分を気に入ってもらうこと。

空欄は「機嫌」で、気分の良し悪しのこと。逆に、こちらの言動で相手を不快にさせるのは「機嫌を損ねる」です。表情に出る相手の機嫌を気にすることを「顔色《かおいろ》をうかがう」などと言います。

答　機嫌《きげん》

使い方　彼は、お偉方《えらがた》の**ご機嫌を取る**ことには長《た》けている。

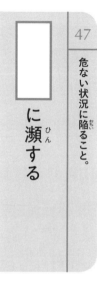

49

他人を思うままに動かすこと。

□に取《と》る

人を自分の思いのままに操ったり、動かしたりする様子を、昔懐かしい玩具の「お手玉」にたとえた言い回し。

「お手玉を自由自在に弄《もてあそ》ぶように**他人をコントロールする**」「**翻弄《ほんろう》する**」という意味で使われます。類語には「手のひらの上で踊らせる」などの表現があります。

答　手玉《てだま》

使い方　彼は自分が**手玉に取られて**いることにやっと気がついた。

50

自分のお金で支払うこと。

□を切《き》る

「自腹を切る」と同じで、「**必ずしも自分が支払う必要がない費用を、あえて負担すること**」の意味。空欄には「自分のお金」を表す〝自腹〟以外の言葉が入ります。

また「スキルアップのために身銭を切って勉強する」のように、「将来への自己投資」的なニュアンスで使われることもあります。

答　身銭《みぜに》

使い方　頑張ってくれた部下のために、**身銭を切って**一席設ける。

51

逃げ道をなくすこと。

□を断《た》つ

逃げ道がない、後に引けない、つまり「中止や撤退を選択できない」という切羽詰まった状況をつくること。「断つ」は「道を遮《さえぎ》って通れなくする」を意味しています。**「他者を追い詰める」「自分自身が覚悟を決める」どちらの状況にも使われます。**「背水の陣を敷く」などが類語になります。

答 **退路《たいろ》**

使い方　俳優になるために大学をやめて**退路を断っ**た。

52

うまく言いくるめられて騙《だま》されること。

□に乗《の》る

うまい話や都合のいい話を持ち掛けられ、「**口先だけの巧みな言葉で騙されること**」。その結果、ひどい目にあうことを意味します。空欄には、うまい話を〝車輪のように〟巧みに言い回すことから「口車」という言葉が入ります。「一杯食わされる」「甘言に乗せられる」とも言います。

答 **口車《くちぐるま》**

使い方　怪しい業者の**口車に乗って**粗悪品を買わされた。

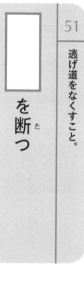

53

問題が起きてから対応すること。

□に回《まわ》る

「先手を許して不利になる」という意味。「**問題が起きてから慌《あわ》てて対応策を考える**」など、対応の遅れに対してよく使われます。

空欄は「先手」の対義語「後手」が正解。本来は囲碁や将棋の対局で「後攻の人」のことです。遅れの程度を強調した「後手後手に回る」という表現もあります。

答 後手《ごて》

使い方 人手不足でクレーム対応が**後手に回る**。

54

事態が混乱してどうにもできないこと。

□がつかない

混乱して落ち着かない、**グダグダになってまとまらない**。こうした状況が収まらず整理できない状態を表します。

空欄には「混乱を取りまとめ、収めること」を表す「収拾」が適切です。また、こうした混乱状態を取りまとめようと努めることを「収拾を図る」と言います。

答 収拾《しゅうしゅう》

使い方 現場はマスコミと野次馬が殺到して**収拾がつかない**。

55

途中でほかのことに時間を費やすこと。

［　　］を食《く》う

真っ直ぐ目的地に向かわず、**途中で寄り道すること**。馬が道端の草を食べながら歩いてなかなか進まない状況に由来します。また「本来の目的とは違うことに時間を費やして手間取る」という意味も。「バイトに明け暮れて道草を食い、卒業までに六年もかかった」のように使われます。

答 道草《みちくさ》

使い方 途中で**道草を食って**いるらしく、まだ帰ってこない。

56

ものごとの道理をわきまえて行動すること。

［　　］を持《も》つ

「ものごとの善悪や正否、正邪などをよく考えること」を「分別」と言い、「分別を持つ」は「そうした**道理をよく考えて行動すること**」を意味します。元は仏教用語です。「ぶんべつ」と読むと、ゴミの分別のように「種類ごとに分ける」という別の意味になるので注意。

答 分別《ふんべつ》

使い方 年相応の**分別を持って**もらいたい。

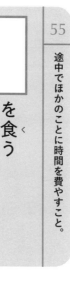

57

全体の一部を占有している様子。

□を占《し》める

「占める」は「占有する」の意味。「半分を占める」「過半数を占める」「大半を占める」などのように使われます。

標題の場合、空欄に「氷山の一角」のように「全体の一部分」を意味する言葉を入れることで、「**全体の一部分を占有する**」の意味になります。

答　一角《いっかく》

使い方　不良品の山が倉庫の**一角を占めて**いる。

58

事態に対処するために人々を一つにまとめること。

□を図《はか》る

複数の人たちの気持ちを一つにまとめ、力を合わせて事に臨もうと努めることです。

空欄には、**バラバラになりがちなものを一つに束ねること**を意味する「結束」を。

また、「図る」は「実現に向けて努力する」というニュアンスです。「一致団結を図る」や「意思統一を図る」のように使われます。

答　結束《けっそく》

使い方　不景気に対処するため、社内の**結束を図る**。

59

見たり聞いたりして新しい知識を得ること。

□を広《ひろ》める

色々なものを実際に目で見て、耳で聞いて学ぶことで、**幅広い知識や経験を得る様子**を意味する表現です。見聞きして知ることを表す言葉は、そのまま「見聞」。「実地見聞」などとしても使われます。

同じ意味で、「見識《けんしき》を広める」という表現もあります。

答 **見聞《けんぶん》**

使い方 自分にとって、この出向は**見聞を広める**よい機会だ。

60

作戦が成功して、よい結果につながること。

□を奏《そう》する

空欄に入るのは功績の「功」です。「奏する」は「位の高い人（天子や天皇など）に奏上する（申し上げる）」の意味。「天子に功績を奏上する」という意味から、「**行動が結果に結びつくこと、効果が現れること、成功すること**」になりました。「奏功する」とも言います。

答 **功《こう》**

使い方 根回しが**功を奏して**好条件で契約が成立した。

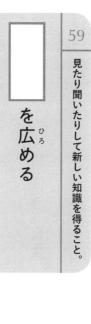

61

［　　］を共《とも》にする

一緒に生活をすること。

「一つ屋根の下で暮らす」あるいは「同じ釜の飯を食う」こと。日常生活を、暮らしに不可欠な「寝る、食べる」にたとえて「寝食」。それを「共にする＝**一緒に暮らす**」になります。

また、「起居を共にする」「起臥《きが》を共にする」も使われます。熱中するさまを「寝食を忘れる」と言います。

使い方　彼とは、学生時代に寮生活で**寝食を共にした**仲だ。

答　寝食《しんしょく》

62

［　　］を得《え》る

確かな証拠をつかむこと。

仮説や推論など不確かなものを「事実である」と証明するための、**動かぬ証拠を手に入れること**。

空欄には「確証」が入りますが、「確証」は読んで字の如く、「確かで間違いのない証拠」のこと。「確証をつかむ」「確証を握る」などの表現でも同じ意味になります。

使い方　**確証を得る**まではどう行動すべきか決められない。

答　確証《かくしょう》

63

建物や街が放置されて荒れ果てること。

□と化《か》す

「化す」は変容を表す動詞で、「姿や形が〜に変わる」「〜の状態になる」の意味。放置され、荒れ果て、朽ち果てている建物や施設、街並みなどを「廃墟」という言葉で表現します。「廃墟と化す」で、「**昔は活気があった場所が、今は誰も寄りつかず、荒れ果てている**」という意味になります。

答 廃墟《はいきょ》

使い方 よく通った映画館も、とうの昔に閉館して**廃墟と化して**いる。

64

納得すること。

□に落《お》ちる

探していた答えや結論を得て、「なるほど。そういうことか」と納得する。**合点がいく**。そうした様子を表します。大抵は「腑に落ちない」という否定表現で使われます。空欄は「内臓、はらわた」の「腑」。「腑」は「心の底」のたとえで、「腑に落ちる」は「心の奥底にストンと落ちる」になります。

答 腑《ふ》

使い方 あれこれ説明は聞いたが、まだ**腑に落ちない**点がある。

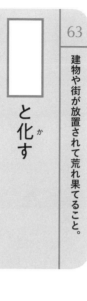

65

ものすごい勢いで大きな影響が及ぶこと。

□を振《ふ》るう

病気の流行や災害の被害など、**よくない出来事がものすごい勢いで力を広げること。**

空欄に入るのは「すさまじい勢い＝猛々《たけだけ》しい力」を表す「猛威」。「威力」も同じ意味。

また、ここでの「振るう」は「勢いを盛んにする」という意味。「奮う＝心を沸き立たせる」と間違いやすいので注意を。

答 猛威《もうい》

使い方 新型コロナウイルスが世界中で**猛威を振るった。**

66

宴会の場を用意すること。

□設《もう》ける

間接的な表現で、親睦《しんぼく》を深めたり、お礼や感謝、お祝いなどの気持ちを表すために宴会を開くこと。

ビジネスシーンでは取引先を〝接待〟する時などによく使われる言葉です。

空欄の「一席」は「一回」の意味。「設ける」は「セッティングする」の意味です。

答 一席《いっせき》

使い方 「ささやかながら**一席設けさせて**いただきました」

67

地位や立場を利用して私財を貯めること。

□を肥《こ》やす

公的な立場にある者が、私利私欲のために立場や権限を利用して不当に個人的利益を得ること。「腹」には「お金」の意味がありますが、この場合の**「腹」は「自分の腹**＝**自分の私的財産**＝私腹」となります。公《おおやけ》のお金を密かに盗んで自分のものにする（肥やす）ズルい行為を表します。

答 **私腹《しふく》**

使い方 公費を着服して**私腹を肥やす**など役人にあるまじき行為だ。

68

近況がまったく分からなくなること。

□を絶《た》つ

電話や手紙、今ならメールやSNSなど、一切の連絡が途絶えて行方不明になること。空欄に入るのは「**近況などを知らせる便り**」を指す「消息」。連絡が〝永続的に〟途絶えることから、一時的な「断つ」ではなく「絶つ」を用います。類語には「音沙汰がなくなる」「音信不通になる」など。

答 **消息《しょうそく》**

使い方 冬山に入ったまま**消息を絶って**しまった。

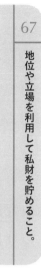

69 与えられた仕事を最後までやり遂げること。

□を全《まっと》うする

「全うする」には、「完全にこなす」「成し遂げる」「役目を果たす」といった意味があります。「まったくする」の音《おん》が変化して「まっとうする」という読みになりました。

標題で「全うする」のは「**任されている仕事**」。責任を持って、すべき仕事を遂行し、最後までやり遂げるさまを表します。

答 職務《しょくむ》

使い方　代表監督としての**職務を全うして**退任する。

70 問題解決の方法を考え、実行に移すこと。

□を講《こう》じる

「講じる」は「方法を考えて実行する」の意味。この空欄には「対策」が入り、「**対応策を考えて実行すること**」を表します。

似た表現に「策を講じる」があります。こちらは「方法を考え、計画する」ことで、「実行に移す」の意味はありません。一字違いで微妙に意味が違うので要注意です。

答 対策《たいさく》

使い方　売上げ低迷に何らかの**対策を講じ**なければならない。

71

全体が矛盾しないように、最後で何とか調整すること。

□を合《あ》わせる

最終的に矛盾せず、整合性が取れるように処理すること。「収入と支出が合うように帳簿を調整すること」にたとえています。

空欄は「**帳簿の最後に記される収支結果**」を表す「帳尻」。「最後が合えばいい」的な〝間に合わせ〟のニュアンスも含みます。類語は「辻褄《つじつま》を合わせる」などです。

答 **帳尻《ちょうじり》**

使い方 大幅な遅れの**帳尻を合わせる**には、残業も仕方ない。

72

はっきり言い切らないようにすること。

□を避《さ》ける

真意を悟られないように。相手を傷付けないように。言質《げんち》を取られて「言った言わない」にならないように。誤解を招いてネットで叩《たた》かれないように——。

理由はともかく、よくない事態を避けるために、**意図的にはっきりした物言いをせず、曖昧《あいまい》に言葉を濁すこと**を意味します。

答 **明言《めいげん》**

使い方 納期については、まだ**明言を避けて**おいた方がいい。

73

ものごとのコツを心得ていること。

□がいい

ものごとをうまく、手際よく処理できる様子を意味する表現です。さらに「世の中を巧みに立ち回ること、**処世術に長《た》けていること**」も表します。ただこちらは、あまりいい意味で使われる言葉ではありません。

空欄の答えは「要領」。ものごとの「大事なポイント＝コツ、手際」を意味します。

答 要領《ようりょう》

使い方 あの**要領のよさ**は、とても素人とは思えない。

74

優秀さが際立って目立ってくること。

□を現《あらわ》す

「頭の先っぽが目立って見えてくること」から、「**大勢の人の中で才能や技量の優秀さが際立ってくること**」を表します。「現す」は同じ読みで「見す」と書く場合も。

中国・唐の文人である韓愈《かんゆ》が書いた『柳《りゅう》子厚《しこう》墓誌銘《ぼしめい》』の中の「嶄然《ざんぜん》として頭角を見《あらわ》す」に由来しています。

答 頭角《とうかく》

使い方 彼は営業部に異動になってから、一気に**頭角を現して**きた。

75

人として果たすべき行動を怠ること。

□を欠《か》く

空欄に入るのは義理人情の「義理」。善意には礼を返す、受けた恩には報いるなど、社会生活を営むために、他者に対して**「欠かさずに果たすべき」とされている道義、道理のこと**です。「義理を欠く」とは、人として果たすべき行動をしていないという意味。「不義理をする」とも言います。

答 **義理《ぎり》**

使い方 最低限の**義理を欠く**ようでは社会人失格だ。

76

激しく言い争いをすること。

□を交《か》わす

人が集まって、熱く激しく意見を戦わせる様子を表すフレーズです。「交わす」には「お互いにやり取りする、交換し合う」という意味があります。似た意味を持つ言い回しに「舌戦《ぜっせん》を繰り広げる」「舌戦を展開する」「口角泡を飛ばして議論する」などがあります。

答 **激論《げきろん》**

使い方 経営会議で幹部が**激論を交わして**いる。

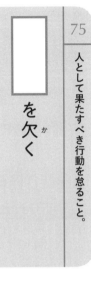

77

先頭に立って周囲をまとめること。

□を取《と》る

みんなで何かを行う時、先頭に立つ役割を担うこと。空欄は「音頭」で、「乾杯の～」「送別会の～」のように使われます。

「音頭」とは、元は雅楽における各楽器の第一奏者の意味。そこから「**先頭に立って仕切り、みんなを後に続かせること**」を「音頭を取る」と言うようになりました。

答　音頭《おんど》

使い方　「君が**音頭を取って**宴会を仕切りなさい」

78

我が身の危険を顧《かえり》みず行動すること。

□を投《な》げ打《う》つ

自分が大きなリスクを背負うのも厭《いと》わず、覚悟を決めて事にあたることを表します。「投げ打つ」には「惜しげもなく提供する」の意味があり、「全財産を～」などにも使われます。ここで「投げ打つ」のは「**我が身、自分の命**」を表す「一身」が正解。類語に「一身を賭《と》す」「不惜身命《ふしゃくしんみょう》」などがあります。

答　一身《いっしん》

使い方　**一身を投げ打って**任務にあたるつもりだ。

79

賛成か反対か意見を聞くこと。

□を問《と》う

「問う」は「多くの人に質問を提示し、判断や意見を求める」こと。「世に問う」「是非を問う」「民意を問う」などで使われます。

ここで問われているのは、**他人の意見や提案について「賛成か、反対か」**なので、空欄には「賛否両論」などで使われる「賛否」が入るのが正解です。

答　賛否《さんぴ》

使い方　事業計画の見直しについて、現場にも**賛否を問う**。

80

成功を急いで十分に考えずに行動すること。

□を焦《あせ》る

何とかよい結果を出したい。すぐにでも功績を挙げたい。でもなかなか思うようにいかない…。そんな**苛立《いらだ》ちから冷静さを欠き、短慮・拙速な行動に走る様子**を表します。

この空欄に入る「功」は「実績を上げて得る評価や利益＝功績」のこと。類語は「功を急ぐ」「功名心に駆られる」など。

答　功《こう》

使い方　**功を焦って**単独行動に走る。

81

多くの人から褒《ほ》め称《たた》えられること。

□を浴《あ》びる

「褒め称える」を表す言葉で混同しやすいのが「称賛」と「賞賛」。「称賛」は「言葉で褒める」、「賞賛」は「金品を与えて褒める」という違いがあります。

日常では**「素晴らしい」「よくやった」と言葉や歓声で褒める**ケースが圧倒的。そのため一般的には「称賛」が用いられます。

答 称賛《しょうさん》

使い方 我が社の社会貢献活動が世間から**称賛を浴びている**。

82

愚かな言動のために笑われること。

□を買《か》う

空欄は「失笑」ですが、この言葉の意味は「軽蔑《けいべつ》して笑うこと」ではありません。正しくは「**思わず笑ってしまうこと**」。

「失笑を買う」は「愚かな言動をして笑われる」になります。笑われるのは愚かしさがおかしいからで、そこに「あきれて、軽蔑して」のニュアンスはありません。

答 失笑《しっしょう》

使い方 歌の出だしで声が裏返ってしまい、みんなから**失笑を買った**。

83

それまでの発言を急に変更すること。

□を翻《ひるがえ》す

「昨日までと言っていることが違う」「そんなこと言ってなかったじゃないか」という状況を招きかねない言動のこと。

「翻す」は「一度決めたことを変える」の意味。「**やっぱりやめます**」ということ。

前の発言を取り消すのは「～を撤回する」、違うことを言うのが「～を翻す」です。

答 **前言《ぜんげん》**

使い方 彼はすぐに**前言を翻す**から少し様子を見よう。

84

ものごとをやり遂げ、見事に締めくくること。

□を飾《かざ》る

仕事や役割などを立派に全《まっと》うし、最後も素晴らしい結果を出して終わること。

中国の詩集『詩経《しきょう》』に由来する「**最後をしっかり締めくくる**」という意味の「有終」を用いた言い回しになります。

アスリートが引退試合で見事な成績を収めた時などによく使われます。

答 **有終《ゆうしゅう》の美《び》**

使い方 現役生活の**有終の美を飾る**、引退試合でのホームランだった。

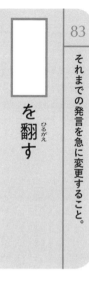

85

□に浸《ひた》る

終わった後に、その余情を味わうこと。

「浸る」は「心境に入り込む」の意。いい映画を観た後も、しばらく心に残る感動を味わい続けるなど、「今この瞬間の感情ではなく、**記憶に残っている感情を味わうこと**」。

こうした状況を、「音が鳴った後の残響を味わうこと」にたとえた表現です。同様の意味で「余情冷めやらない」などがあります。

答　余韻《よいん》

使い方　まだ昨夜のパーティーの**余韻に浸って**いる。

86

□を画《かく》す

はっきりとした違いがあること。

「私の意見は彼とは一線を画す」のように、一本の境界線を引くように区別し、「**ほかとの違いを強調すること**」。優劣や正誤などは関係なく、相違点だけでの区別になります。

また「周囲とは一線を画す作品」など、ほかと比べてずば抜けて優れているものや、人に対する褒《ほ》め言葉に使う場合もあります。

答　一線《いっせん》

使い方　彼の描いた絵は、ほかの作品とは**一線を画して**いる。

87

争っている両者を和解させるために間に入ること。

□に入《はい》る

揉《も》めごとや諍《いさか》いをなだめて和解させるために、当事者以外の第三者が間に入ること。平たく言えば**「ケンカを止めに入って、仲直りさせる」こと**です。ここでの「入る」は「割って入る、介入する」を意味します。

類語には「なだめてうまく計らう」を表す「仲をとりなす」や「間に入る」など。

答 **仲裁《ちゅうさい》**

使い方 ケンカの**仲裁に入ったら**、とばっちりを食って殴られた。

88

力や重さのバランスがつり合っている状態のこと。

□を保《たも》つ

政治経済やビジネスの場でよく使われる表現で、**二つ以上のものごとがバランスを維持していること。**「保つ」は「変わらない状態のままで居続ける、持ちこたえる」の意味。保たれていたバランスを崩す（崩される）と「均衡を破る（が破られる）」という表現になります。

答 **均衡《きんこう》**

使い方 かろうじて**均衡を保って**いる状況だ。

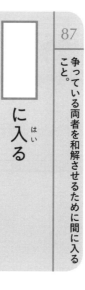

89

慎重に考えないこと。

□を欠《か》く

空欄に入るのは「あれこれ考え、思いを巡らすこと」を意味する「思慮」。ものごとを真剣に考えない、**考えが浅く慎重さが足りない状態**を「思慮が欠けている」と言い表します。類語は「短慮」「浅慮」など。逆に、「注意深くじっくりと考える様子」を「熟慮」「思慮が深い」と表します。

答 思慮《しりょ》

使い方 一人前の社会人とは思えない**思慮を欠いた**行為だ。

90

ある人の家に行くのに気が引けること。

□が高《たか》い

空欄に入るのは「敷居」。現在では「高そうで入りにくい」「上品過ぎて近づきにくい」というニュアンスで使われることが多い表現ですが、本来の意味は違います。連絡を取っていない、迷惑を掛けているなど「**何らかの不義理で、その人の家に行きにくい**」という意味で使うのが正解です。

答 敷居《しきい》

使い方 親父と絶縁状態なので、実家に帰るのは**敷居が高い**。

91

最後に出てきて締めること。

□を飾《かざ》る

ものごとの最後を、きれいに仕上げて終わらせることを表します。「紅白歌合戦」で言えば「大トリを務める」ようなもの。空欄には「最後」または「掉尾《とうび》」が適切です。「とうび」とも読みます。

この「飾る」にはそれまでの経緯を総括して見事に「まとめ上げる」、という意味もあります。

答　**最後《さいご》**

使い方　毎回、会議の**最後を飾る**のは社長の格言だ。

92

ものごとに整合性を持たせること。

□を合《あ》わせる

理屈が破綻《はたん》して話の最初と最後が矛盾しないように、筋道を調整することを表します。

空欄は「辻褄」。「**ぴったり合致すること**」を「縫物の縫い目（辻）」と「着物の裾《すそ》の合わせ目（褄）」にたとえた言葉で、話が矛盾しているのは「辻褄が合わない」になります。

類語に「帳尻を合わせる」があります。

答　**辻褄《つじつま》**

使い方　彼の言い分は正論に聞こえるが、実は**辻褄が合って**いない。

93

収入を失って生活に困ること。

□に迷《まよ》う

経済的に困窮し、暮らしていけない状況に陥《おちい》ること。住む家もなく道端でどうしたらいいか迷っている、**いわゆるホームレス状態になるような深刻な状態**を指します。

空欄に入る言葉は「路頭」です。「頭」には「そのあたり」というニュアンスがあり、路上全般を意味します。

答 路頭《ろとう》

使い方 いまリストラされたら、一家で**路頭に迷う**しかない。

94

周囲が気にならないほど集中していること。

□も振《ふ》らず

周囲の雑音に心を奪われず、**一心不乱にものごとに専念する様子**。空欄には「脇をを見る＝よそ見をすること」を表す「脇目」が入ります。

「脇見」は間違い。「脇見」はつい別のものを見てしまうことで、自分の意思でよそ見をする「脇目」とは意味が異なります。

答 脇目《わきめ》

使い方 プレゼンを明日に控え、**脇目も振らず**に資料作成に没頭する。

95

目標を定めること。

□を合《あ》わせる

射撃する際、目標に命中するように狙いを定めることから、「**将来的に到達したい狙いどころや目標を定めること**」を意味します。空欄は「照準」で、「照準を定める」とも。

混同しがちな「焦点を合わせる」は「一点に集中する」や「ピントを合わせる」こと。「狙いを定める」とは意味が異なります。

答 照準《しょうじゅん》

使い方 半年後の資格試験に**照準を合わせて**勉強を始める。

96

あきれて相手への好意や信頼がなくなること。

□を尽《つ》かす

相手にあきれ果てて好意や信頼の情がなくなり、つき合うことさえ嫌になること。

空欄は「**人あたりのいい態度**」を表す「愛想」。「あいそう」ではなく「あいそ」と読みます。「顔も見たくない、愛想を見せてつき合う気持ちが消え失せる」というニュアンス。「見限る」と同じ意味です。

答 愛想《あいそ》

使い方 約束を破ってばかりだと、いずれ**愛想を尽かされる**ぞ。

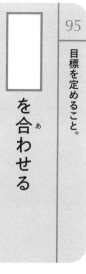

97

□に侵《おか》される

病気にかかること。

病気で健康が損なわれることを表す言葉。「侵す」には「侵入する、不法に立ち入る」の意味があり、標題は「**病という魔物に侵入される**」というニュアンスになります。ルールや道徳に反する「犯す」や、危機や困難を承知で行動する「冒す」を用いるのは誤りなので注意が必要です。

答　病魔《びょうま》

使い方　**病魔に侵されて**、軌道に乗ってきた事業を断念する。

98

□もない

態度や言動が図太く、図々しいこと。

遠慮を知らない態度、ぬけぬけとした物言い、**図々しい言動などを恥じることなく、むしろ〝堂々と〟している様子**を表します。「オドオド、ビクビクしたような、臆して気後れした表情」を「臆面」という言葉で表すので、それとは正反対の顔つきで振る舞うことをこう言うようになりました。

答　臆面《おくめん》

使い方　「大騒ぎして出入り禁止になったのに、**臆面もなく**またきてるよ」

99

死ぬまでにわずかな時間しか残されていないこと。

□幾許《いくばく》もない

残された命がわずかで、すぐに死が訪れる状況のこと。空欄は「余命」になります。「幾許もない」は「数えるほどしか数量がない」「わずかしかない」という状況を表しますが、標題の「余命幾許もない」以外ではあまり使われません。

類語は「死に瀕する」「死期が迫る」など。

答 余命《よめい》

使い方 業績が悪化し、我が社は**余命幾許もない**状態だ。

100

寿命まで元気に長生きして亡くなること。

□を全《まっと》うする

「全うする」は「最後までやり遂げる」の意味。病気や事故などで命を落とすことなく、**天から与えられた寿命（天寿）を、最期まで生き尽くして亡くなること**を意味する言い回しです。

類語には、老衰などで、苦しまず安らかに他界する「大往生を遂げる」があります。

答 天寿《てんじゅ》

使い方 祖母は、昨年93歳で**天寿を全うした。**

ビジネスで使える「感謝」の表現

お客さまから、サービスが素晴らしかったって御礼状が届いているよ

接客業**冥利《みょうり》に尽《つ》きる**のは、こういう時ですね

▷**冥利に尽きる…** その立場にいる者として大きな喜びを感じること。

新規事業を軌道に乗せたことの**労《ろう》を多《た》として**、金一封を出そう

本当ですか！　これで苦労も報われます

▷**労を多とする…** 相手の苦労をねぎらい、感謝すること。

この領収書、本当なら落とせないんだけど今回は特別ってことで

ありがとう。ホント、**恩《おん》に着《き》る**よ

▷**恩に着る…** 恩を受けてありがたいと思うこと。

ビジネスで使える「努力・覚悟」の表現

あんなに厳しいスケジュールだったのに、よく納期に間に合ったな

ウチのチーム全員、**水火《すいか》も辞《じ》せず**の覚悟で取り組んだからね

▷**水火も辞せず…** 大きな苦難もいとわず、全力で取り組むこと。

次のプロジェクトには、我が社の威信が賭《か》かっている。頼んだぞ

任されたからには、**心血《しんけつ》を注《そそ》いで**頑張ります

▷**心血を注ぐ…** 心身のすべてを込めてものごとにあたること。

聞いた？　今年の夏のボーナス、大幅カットらしいよ

勘弁してほしいよ。毎日**身《み》を粉《こ》にして**働いているっていうのに

▷**身を粉にする…** 労力を惜しまず懸命に取り組むこと。

ビジネスで使える「叱責・怒り」の表現

部長に呼び出されていたのは先週のミスの件？

ああ、「最近、たるんでる」って、きつく**お灸《きゅう》を据《す》えられた**よ

▷**灸を据える…** 厳しく叱責して罰を与えること。

昨日提出した報告書、部長からダメ出しされたらしいね

誤字を直せって、そんな**目《め》くじらを立《た》てる**ようなことか？

▷**目くじらを立てる…** 些細《ささい》なことを取り立てて咎《とが》めること。

営業会議で、あの課長がまたパワハラ発言したんだって？

係長以下全員、さすがにキレて**席《せき》を蹴《け》って**退出しちゃったらしい

▷**席を蹴る…** 怒ってその場を立ち去ること。

2

日常会話にさりげなく使える

中級レベル

日常の会話やメールのやりとりで〝さらり〟と使えば、「教養レベル」がワンランクアップする中級レベルの慣用句。ひと言で「印象」が変わる、社会人なら、ぜひとも押さえておきたい100語です。

1

あまりのことに驚きあきれること。

□に取《と》られる

思いがけない出来事に驚きあきれて、ボーッとする様子を表す言い回し。「呆気」だけでも驚きあきれる状態を意味します。

類語は、「唖然《あぜん》とする」「絶句する」「開いた口が塞《ふさ》がらない」「あんぐり口を開ける」など。どれも**〝言葉を失い、何も言えない状態〟**を表現しています。

答 呆気《あっけ》

使い方 彼女の無礼な振る舞いに、みんな**呆気に取られて**いる。

2

能力の高さゆえに慢心して失敗すること。

□に溺《おぼ》れる

「策略が得意な人は往々にして自分の策に頼り過ぎて失敗する」という意味を持つ言葉。

一般的には、「**能力の高さを過信し、慢心している人が、その能力が裏目に出たことで墓穴を掘る**」という状況で使われます。

同じ意味の言葉に「才子才に倒れる（才能に頼り過ぎて失敗する）」があります。

答 策《さく》士《し》策《さく》

使い方 得意の話術でゴマをすったら嫌われたらしい。**策士策に溺れる**だ。

3

間違いない、大丈夫と保証すること。

□を押《お》す

由来は、武田信玄が発案した「甲州金」という金貨。価値を保証するために、太鼓の皮留めに似た装飾を施したことから、「太鼓判を押す＝**人やものが『間違いない』と保証する**」になったと言われています。

類語に、ものを保証する「折り紙つき」、人を保証する「お墨つき」などがあります。

答　太《たい》鼓《こ》判《ばん》

使い方　「この企画はあたる」と、上司が**太鼓判を押して**くれた。

4

熟練の域に達していることや、長年にわたって使い込まれていること。

□が入《はい》る

人に対しては「**腕前が熟練の域に達しているさま**」を、ものに対しては「**使い込まれて味わいが増しているさま**」を表します。

空欄の「年季」は、契約年数を決めて働く「年季奉公」が語源。そのため「年期」と書くのは間違いです。「年季が入る」で「長年の経験を積んでいる」になります。

答　年《ねん》季《き》

使い方　ベテランらしい**年季が入った**職人技に感嘆の声が上がる。

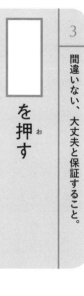

5

了承し、納得すること。

□がいく

「**納得すること、承知すること**」を意味する表現に「合点（がてん、がってん）」があります。江戸っ子が言う「ガッテンでい（承知した）」「合点承知《がってんしょうち》の助《すけ》（任せとけ）」はここから来ています。語源は優れた和歌や俳句につけられる小さな印（点）。「早まって納得することを「早合点」と言います。

答　合点《がてん》

使い方　何回説明を受けても、この一点だけは**合点がいかない**。

6

ポイントが明確でないこと。

□を得《え》ない

「話や説明の筋道が立っていない、**要点が見えない、的外れ**」といった状況を指す表現。「得ない」は「理解できない」の意味です。

空欄に入るのは「重要なポイント」を表す「要領」。要は「腰」、領は「襟首《えりくび》」と、共に人体の重要部分を指すことから、ものごとの「重要点」の意味になりました。

答　要領《ようりょう》

使い方　**要領を得ない**説明にイライラしてきた。

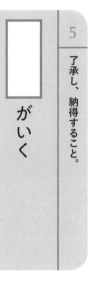

7

苦しい状況に追い込まれること。

□に陥《おちい》る

前にも右にも左にも進めない、退路も断たれた袋小路の突きあたり。そんな逃げ場のない非常に苦しい立場、**絶体絶命の大ピンチ**を「窮地」という言葉で表します。「陥る」のほかに「立たされる」とも言います。

そうした追い詰められた危機的状況から何とか抜け出すのは「窮地を脱する」です。

答　**窮《きゅう》地《ち》**

使い方　放漫経営がたたって会社が**窮地に陥る**。

8

怒りや驚きで顔色《かおいろ》が変わること。

□を変《か》える

「怒り」や「驚き」で表情が大きく変わること。空欄に入るのは「顔色や顔つき、表情」を意味する「血相」です。

多くの場合**「血相を変えて走り出す」のように、行動が伴うケースで使われます。**

血相を変えて激怒することを、「色をなす」という言葉で表現することもあります。

答　**血相《けっそう》**

使い方　彼女からの電話で、彼は**血相を変えて**店を出ていった。

9 疑念があると表明すること。

□を呈《てい》する

「呈する」には「差し上げる、差し出す（例：進呈する）」と、「状態や様子を示す、現す（例：露呈する）」の二つの意味があります。標題のフレーズは、前者の意味で、ものごとに対して**「事実とは違うのでは？」という疑念を進言する**ということ。「疑念」「疑義」も入り、同じ意味で使われます。

答 疑《ぎ》問《もん》

使い方 部課長会の決定に**疑問を呈する**声が多数上がった。

10 激しい感情に突き動かされること。

□に駆《か》られる

激しく昂《たかぶ》った感情や欲望にとらわれ、冷静さを欠いた行動をすることを指します。

空欄には「激しく沸き起こる感情」を表す「激情」を入れるのが適切。「憤《ふん》怒《ぬ》の念」（憤怒は「ふんど」とも読む）も同じ意味になります。「駆られる」だけでも「高まった激しい感情に動かされる」を意味します。

答 激《げき》情《じょう》

使い方 一時の**激情に駆られて**短慮な決断を下してしまった。

11

ものごとの前触れを感じ取ること。

□を感《かん》じる

ある出来事を見て、何らかの事象が発生しそうな前触れを感じることの意味。空欄には、「**何かが起こる際に前もって現れる別の現象**」を指す言葉「予兆」が入ります。

「兆し、兆候」は起こりそうな気配を、「予兆、前兆」は「何かが起こりそうだと知らせる具体的な出来事」を表します。

答　予《よ》兆《ちょう》

使い方　暗い雲が広がる空に、ゲリラ豪雨の**予兆を感じる**。

12

最初に行動を起こしてきっかけをつくること。

□を切《き》る

「切る」には「動作を起こす」という意味があります。空欄に入るのは「口火」で、火縄銃の点火に使う種火のこと。

「小さな火（口火）が大きな力（銃撃）を引き出す」ことから、「**真っ先に行動して後のきっかけをつくる**」の意味になりました。

類語は「先陣を切る」「音頭を取る」など。

答　口《くち》火《び》

使い方　会議の**口火を切る**のは決まって、ヤリ手と評判の営業部長だ。

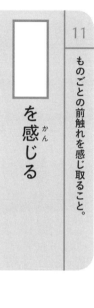

13　よい評判を得ること。

□を博《はく》す

「博す」は「獲得する、得る」の意味。世間から好ましい評価や評判を得ることを「好評を博す」と言います。軽い表現なら「**ウケがいい」など。SNSの投稿でたくさんの「いいね」を獲得した時にも使えます。**

ちなみに「人気」「名声」「絶賛」も入り、同じ意味で使われます。

答　好評《こうひょう》

使い方　新製品が**好評を博し**、品切れ状態になる。

14　危機的な状況を何とかやり過ごすこと。

□をくぐり抜《ぬ》ける

「激しい戦いや争い（修羅場）の中を生き抜く」、転じて「困難な状況を切り抜ける」「**厳しい事態を乗り越える**」といった意味で使われます。「修羅場」は仏教用語で、阿修《あしゅ》羅《ら》と帝釈天《たいしゃくてん》が争う場所のこと。ほかに、痴情のもつれや三角関係など「男女のドロドロした揉《も》め事」の意味でも使われます。

答　修羅場《しゅらば》

使い方　**修羅場をくぐり抜けて**きた人の言葉は説得力が違う。

15

健康を犠牲にするほど懸命に努力すること。

□を削《けず》る

体力を消耗して体がやせ細り、健康に支障をきたすくらい一所懸命に努める、それほどに苦労するさまをたとえた表現。

空欄には「骨と肉＝全身」を意味する「骨身」が入ります（身だけでも可）。「身を粉《こ》にする」「粉骨砕身する」なども「**自分の身を犠牲にする**」を意味する類語表現です。

答 **骨身《ほねみ》**

使い方 無茶な要求にも文句を言わず、**骨身を削って**働いてきた。

16

ほんの短い間、考えや思いが頭に浮かぶこと。

□を掠《かす》める

何かの考えや懸念、過去の記憶などが頭（心）の中に〝チラッと一瞬〟浮かぶさま。**主に悪い予感や、あまり好ましくない思い出**に対して使われます。「掠める」は「サッと現れ、すぐに消える」の意味です。

また、「頭の中を一瞬横切る＝脳裏をよぎる」という表現も同じ意味で使われます。

答 **脳裏《のうり》**

使い方 食べようとした瞬間、「太るぞ」という思いが**脳裏を掠めた**。

17

この先どうなるのか予測できないこと。

□を許《ゆる》さない

「結果や状況がどうなるのか前もって判断できない＝**予測不能の状況**」を表します。「事態が深刻で楽観できない」という意味も。

空欄には「あらかじめ（前もって）判断すること」を意味する「予断」が入ります。また、「許さない」は「許す＝可能にする」の否定形で「できない」を意味します。

答 予《よ》断《だん》

使い方 手術は終わったが、まだ**予断を許さない**らしい。

18

最終宣告をして諦《あきら》めさせること。

□を渡《わた》す

語源は仏教用語。僧が法語を唱えて故人をあの世へ導く儀式に由来しています。故人に「あなたはもう死んでいる」と悟らせることから、「**動かしがたい結論**（＝**引導**）**を突き付けて、仕方ないと諦《あきら》めさせる**」の意味になりました。語呂が似ている「印《いん》籠《ろう》」と間違えないように。

答 引《いん》導《どう》

使い方 「これ以上はフォローしきれない」と**引導を渡された**。

19 一つのことに没頭していること。

□がない

　余計なことを考えず、そのことだけに専念する。一心不乱に励む。そんな「**ひたすら何かに没頭するさま**」を表します。

　空欄は「余計な考え」を意味する「余念」。「余念」の類語には「他念（ほかのことを思う心）」があり、「他念なく～する」といった表現で使われます。

答　余念《よねん》

使い方　明日の新規オープンに向けて、みんな準備に**余念がない**。

20 話の調子に合わせて受け答えをすること。

□を打《う》つ

「ええ」「はい」「へぇ」など、相手の話に合わせて、短い返事を挟んでリアクションすること。うなずいたり、のけぞったり、身を乗り出したりする動きが伴うことも。

　空欄の言葉「相槌」は、鍛冶《かじ》職人が鉄を鍛える時、師匠が打つ鎚の合間に弟子が鎚を打つ動きに由来しています。

答　相槌《あいづち》

使い方　彼は真剣な表情で私の話に**相槌を打って**いる。

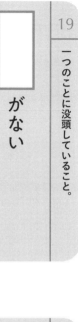

21

わずかな乱れもなく整然としている様子。

□乱《みだ》れぬ

「すべてのものが一斉に同じ動きをする」タイミングがズレずに揃っている「**完全に同期している**」といった状態のたとえ。「細い糸ほどの乱れもない」ことを意味します。

アーティスティックスイミングやダンス、マスゲームなどの集団演技、軍隊の行進などに対してよく使われています。

答　一糸《いっし》

使い方　**一糸乱れぬ**パフォーマンスに大きな拍手が送られた。

22

ものごとの決断や責任を他者に任せること。

□を預《あず》ける

他者にすべてを一任するという意味を、日本古来の履物《はきもの》でたとえた言い回しです。

その履物とは、ほかの慣用句でもよく使われる「下駄」。自分の下駄を人に預けると、返してもらうまでどこにも行けなくなる。そこから「**自分の行動を封じて、事の一切をその人に任せる**」の意味になりました。

答　下駄《げた》

使い方　自分の進退に関しては、部長に**下駄を預ける**ことにした。

23

ずっと、絶え間なくものごとを行うこと。

□を分《わ》かたず

「四六時中〜する」「休むことなく〜する」「ずっと〜する」の意味で使われます。空欄は「昼夜」が正解。「**一日中ぶっ通しで**」というニュアンスを「昼も夜も区別せず＝昼夜を分けることなく」と表現した言い回しです。「昼夜をおかず」「昼夜を問わず」とも言います。

答 昼夜《ちゅうや》

使い方 ワクチン開発のために、**昼夜を分かたず**研究し続ける。

24

深く憎んでいる者への復讐を遂げること。

□を晴《は》らす

「恨み」と「怨み」、読み方は同じですが、より執念深い憎悪を表すのが「怨み」。空欄には、「深い怨みの念＝怨念」が入ります。「晴らす」は「憂《う》さを晴らす」のように「不快な感情を解消する」の意味。「怨念を晴らす」＝「**復讐を果たす**」という意味になります。「遺恨《いこん》を晴らす」「無念《むねん》を晴らす」とも。

答 怨念《おんねん》

使い方 **怨念を晴らす**ためには手段を選ばない。

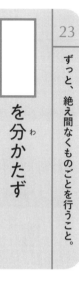

25

世間から注目されること。

□を浴《あ》びる

舞台で観客の視線を集める演者のように、「**世の中から注目され、もてはやされること**」を意味します。空欄に入るのは、舞台の上の役者や歌手を足元から照らす、フットライトと呼ばれる照明装置を指す言葉です。

「脚光を集める」という表現は間違いです。「拍手喝采《はくしゅかっさい》を浴びる」とも言います。

答 脚光《きゃっこう》

使い方 華々しいデビューで一躍**脚光を浴びる。**

26

不手際や失敗によって大恥をかくこと。

□を演《えん》じる

人から笑われるような恥ずかしいヘマや無様《ぶざま》な〝**しくじり**〟**をやらかす。しかもみんなが見ている前で**やらかす、という状況を表します。「大ポカをする」「チョンボをする」といったニュアンス。「演じる」は「人目につく所で、よくない結果を招くことをやらかす」の意味で使われます。

答 失態《しったい》

使い方 結婚式の司会で新婦の名前を間違えるという**失態を演じた。**

27

問題にして議論するまでもないこと。

□に及《およ》ばず

「みんなで集まって議論するまでもない」「まったくお話にならない、だから問題にもしない」という状況を表しています。「及ばず」は「しなくてもいい、必要がない」の意味。**「いちいち議論などしなくても、導き出される答えは決まっている」という状況で使われます。**

答 一議《いちぎ》

使い方　この不景気にボーナスを満額出せなど、**一議に及ばず**だ。

28

相手に対して非常にありがたいと思うこと。

□が差《さ》す

「ああ、神様仏様――」と手を合わせたくなるほどの**感謝や尊敬の念を表現する言い回し**。相手が神仏のようにおごそかで、非常に尊い存在に見えるという意味があります。

空欄には「仏や菩薩の背中から放たれるとされる神秘的な光＝尊さの象徴」を意味する「後光」が入ります。

答 後光《ごこう》

使い方　あの時ばかりは課長に**後光が差して**見えた。

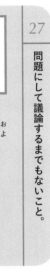

29

失敗や挫折からの復活を決意すること。

□を期《き》す

何とか悪い状況から脱して盛り返そう、**もう一度復帰しようと決意を固めること**。「落ち込んだ状況からの復活」を「再起」と言います。続く「期す」は「心に誓う」や「決意する」の意味。「捲土《けんど》重来《ちょうらい》を期す」も同じ意味で使われます。再起を決意し、「計画を立てて努力する」のは「再起を図る」です。

答 再起《さいき》

使い方　リストラされたが、**再起を期して**起業した。

30

先人の人生や功績を探り求めること。

□を辿《たど》る

先に行った人が残した足あとを見つけて後を追うように、先人が残した成果や業績といった「足あと＝足跡」を手掛かりに、その**足取りを追いかけること**を意味します。この場合、「足跡」は「そくせき」と読み、「足跡を残す」のように用います。「辿る」は「探し求める」の意味です。

答 足跡《そくせき》

使い方　松尾芭蕉の**足跡を辿って**、東北地方へ旅に出る。

31

賛成できない気持ちを態度や表情に表すこと。

□を示《しめ》す

「承服できない」「同意できない」「賛成しかねる」――こうした意向を、言葉ではなく「素《そ》ぶりや顔つき、雰囲気で示す」こと。難しそうな顔をしている、**不満だと顔に書いてあるというニュアンス**を表します。

空欄に入るのは、「難しいと渋る顔色《かおいろ》（顔つき、表情）」を表す言葉「難色」です。

答　**難色《なんしょく》**

使い方　先方は、こちらが提案した代替案にかなり**難色を示して**いる。

32

些細《ささい》なミスや欠点を大げさに言って責めること。

□をつける

取るに足らないミスや欠点をわざと指摘して大げさに責め立てる、クレーマーのような行為を表す言葉。類語には、「重箱の隅を突《つつ》く」「因縁をつける」「言い掛かりをつける」「粗《あら》を探す」などがあります。

空欄には**「そこまで非難される必要もない欠点」**を意味する「難癖」が入ります。

答　**難癖《なんくせ》**

使い方　あんなのは批評じゃない。ただ**難癖をつけて**いるだけだ。

33

迷ってしまい、いい考えが浮かばないこと。

□に暮《く》れる

あれこれ考えを巡らせてはいるけれど、どうすべきか判断に迷っている状態のこと。「**結論を出せずに時間ばかりが過ぎていく**」というニュアンスの表現です。

ここでの「暮れる」は「長い間ずっと判断に迷う、思い惑う」を意味しており、「途《と》方《ほう》に暮れる」のように使われます。

答　思《し》案《あん》

使い方　この先も取引を続けてよいものか、**思案に暮れて**いる。

34

面白さや味わいを高めるために工夫すること。

□を凝《こ》らす

あれこれ工夫することで、より趣《おもむき》を出す、より面白くすることを指す表現です。「凝らす」は「**細かい部分にまで心を配る**」の意味。空欄に入る「趣向」は、「面白く、味わい深くするための工夫」を指します。

同じ「工夫を巡らす」の意味で「意匠を凝らす」「創意を凝らす」も使われます。

答　趣《しゅ》向《こう》

使い方　**趣向を凝らした**仮装と演出でパーティーを盛り上げる。

35

考えられる方法がなくなること。

□が尽《つ》きる

できる限りの手段を試したが問題が解決せず、これ以上は打つべき手がないさま。考え得るすべての対策（万策）を出し尽くして、もう為《な》す術《すべ》なし。**完全な〝お手上げ状態〟**というニュアンスです。類語には「万事休す（手の施しようがなく、もう何もかもおしまい）」があります。

答　**万策《ばんさく》**

使い方　この銀行から融資を受けられないと、いよいよ**万策が尽きる**。

36

世間からの評価や評判を高めること。

□を施《ほどこ》す

ものごとを成し遂げた結果、評価が上がること。ともすれば下がりそうだった周囲の評価が高くなる、何とか維持できる、**恥をかかずに済む**というニュアンスです。空欄は、世間からの評価や体面を表す「面目」。「めんもく」とも読む。評価を維持するだけの場合には「面目を保つ」が用いられます。

答　**面目《めんぼく》**

使い方　最後の最後に大口契約を成立させ、大いに**面目を施した**。

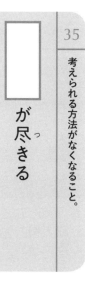

37

ものごとが障害で進行できなくなること。

□に乗《の》り上《あ》げる

「**思いがけない障害によってものごとの進行が止まること**」のたとえ。船が海中にある岩に乗り上げると、身動きが取れず航行不能になる——そうした事態に由来しています。

空欄に入る「暗礁」は、水面下に隠れて見えない岩やサンゴ礁のこと。

類語に「頓挫《とんざ》する」などがあります。

答 **暗礁《あんしょう》**

使い方　取引先の相次ぐ廃業で、事業計画が**暗礁に乗り上げる**。

38

年老いた身を励ましてものごとに臨むこと。

□に鞭打《むちう》つ

「老体」と思われがちですが、正解は「老骨」。また「鞭打つ」は「**自分自身を責めるかのように力を奮い起こす**」という意味です。

この言葉は、高齢者が自分自身を謙遜《けんそん》する時の言い回し。そのため高齢者に対して「老骨に鞭打ってください」とは言わないので要注意です。

答 **老骨《ろうこつ》**

使い方　定年後も**老骨に鞭打って**仕事をする。

39

恋愛のうわさ話で注目されること。

□を流《なが》す

男女関係の色恋沙汰《ざた》を「浮いた話」と言うことがあります。そんな「**浮いた話**で**名前が知れ渡る**」ことを意味する言い回し。熱愛スクープで週刊誌やワイドショーをにぎわす芸能人に対してもよく使われます。

「浮いた」は本来「憂《う》いた」。そのため「ゴシップ」「醜聞《しゅうぶん》」など否定的に使われます。

答　浮名《うきな》

使い方　部長も若い頃はさんざん**浮名を流した**らしい。

40

うまくいったことに一人喜び、満足すること。

□に入《い》る

他人には分からない胸の内の喜びや満足を自分一人で噛みしめる、**自己満足で思わず顔がニヤケてくる**といったニュアンス。

空欄に入る「悦」は「喜ぶ、嬉しがる」。ただ単に喜ぶよりも、心の中の〝引っ掛かりごと〟が消えてスッキリするイメージ。類語は「ほくそ笑む」などです。

答　悦《えつ》

使い方　自分の企画が採用されて、一人**悦に入っている**。

41

目が血走るほど必死になって探すこと。

□になる

我を忘れるほど必死になる様子を、「血走った目」にたとえた表現。「目の色を変える」より必死さの度合いが強く、多分に「冷静さを失い、周囲が見えなくなっている」というニュアンスを含んでいます。類語に「些《さ》細《さい》なことも見逃さないように熱心に探すさま」を意味する「鵜《う》の目鷹《たか》の目」があります。

答 血《ち》眼《まなこ》

使い方 経営危機に直面し、**血眼になって**融資先を探している。

42

大金を払うこと。

□を叩《はた》く

多額のお金をつぎ込むこと。「叩く」の読みは「はたく」で、財布の中のお金を叩《たた》き出すというイメージで使われています。空欄に入るのは「大枚」で、元は昔の中国で使われていた「大きな銀貨」のこと。サイズの大きさから転じて、「**大金、多額のお金**」を意味するようになりました。

答 大《たい》枚《まい》

使い方 自分へのご褒美に、**大枚を叩いて**高級腕時計を買った。

43

ものすごく罪が重いこと。

□に値《あたい》する

「千」や「万」という文字には、数字の単位だけでなく、**「極めて」「とてつもなく」といった強調の意味**もあります。

許されざる悪行《あくぎょう》やとんでもない大罪を表す際に、「何回死んでも足りない」や「一万回の死刑に相当する」という意味で、「死」を「万」で強調した表現が使われます。

答　万死《ばんし》

使い方　彼の彼女に対する裏切りは**万死に値する**。

44

選挙によって国民に判断を求めること。

□を問《と》う

政治家が、自らの主義や行動の是非について、国民に判断してもらうこと。主に選挙や国民投票などによって行われます。

「問う」は「民衆に問いかけ、意見を聞き、判断を仰ぐ」ことを意味する表現です。

空欄には、民衆の意志や意見、声を表す言葉「民意」が入ります。「信を問う」とも言います。

答　民意《みんい》

使い方　解散総選挙で**民意を問う**べきじゃないか。

45

無理やりやらせること。

□を言《い》わさず

相手が同意しようがお構いなしに、**無理やり行動を強いること**。つべこべ言わせず、強制するさま。

空欄に入るのは、「やる、やらない」「いい、イヤだ」といった相手の承知・不承知の意思を形容する言葉「有無」です。「〜を言わせず」と表現することもあります。

答 有《う》無《む》

使い方 **有無を言わさず**スマホを取り上げた。

46

しみじみと思いに浸《ひた》ること。

□に耽《ふけ》る

主に好ましい感情に使われ、平たく表現するなら「**ジーンとなること**」などでしょう。空欄には「心に深く染みるように感じ入る心持ち」を表す「感慨」が入ります。

こうした「しみじみした思いにどっぷり浸り、心を奪われ、時を忘れている様子」を「耽る」という言葉で表します。

答 感《かん》慨《がい》

使い方 あの頃を思い出して**感慨に耽って**いる。

47

とても真剣で気迫があふれている様子。

□迫《せま》る

この世のものとも思えない、たとえて言うなら「鬼」のような、「恐ろしくて迫力に満ちた雰囲気や気配」を「鬼気」と言います。

標題の言い回しは、そんな凄《すさ》まじい気配を漂《ただよ》わせている様子を指します。**鬼の形相《ぎょうそう》で、見ている側が怖くなるほどの真剣さや本気度が伝わってくる状況**で使われます。

答　鬼《き》気《き》

使い方　あの女優の**鬼気迫る**演技に客席が静まり返った。

48

ちょうどよい機会を逃すこと。

□を逸《いっ》する

行動を起こすチャンス、**ここぞというタイミングを逃してしまうこと**。「逸する」には「取り逃がす」「失う」の意味があります。

空欄に入るのは「機会」の「機」または「好機」。「機が熟する（ちょうどよいタイミングを迎える）」「機を見るに敏（素早くチャンスをつかんで行動する）」などの表現も。

答　機《き》

使い方　お開きにする**機を逸して**、閉店まで飲む羽目になった。

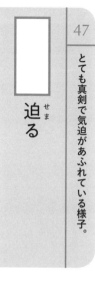

49

悩みや心配ごとがなく、心が晴れやかなこと。

□がない

空欄に入る「屈託」は、体を屈《かが》めてご神託（神のお告げ）を待つさまに由来する「心配ごと、気掛かり」を表す言葉。「屈託がない」とは「**心に引っ掛かる悩みや心配ごとがない、さっぱり晴れやかな心持ち**」を表します。疲れて飽きるの意味もあり、「屈託がある」で「退屈しているさま」を表します。

答 屈託《くったく》

使い方 子どもの**屈託のない**笑顔に仕事の悩みを忘れる。

50

状況に応じて機転が利くこと。

□が利《き》く

「その場の状況を見計らって臨機応変に対応できる」「ものごとを見極める力（眼力）が優れていること」を意味します。「優れた眼力」を「視界の端まで見える」という視野の広さにたとえた表現。「利く」は「**機能を十分に発揮する**」ことを表します。類語は「気が利く」「機転が利く」など。

答 目端《めはし》

使い方 彼の**目端が利いた**接客業務は、顧客からの評判も高い。

51

様々な事情に配慮して処置すること。

□を酌量《しゃくりょう》する

裁判の判決などでよく聞く表現。「裁判官が動機や境遇などの事情を考慮して、**被告への刑罰を軽くすること**」を指します。「酌量する」は「事情を汲《く》んで配慮する」こと。「斟酌《しんしゃく》する」とも言います。空欄に入るのは諸事情を意味する「情状」。酌量できるかどうかは「余地がある、ない」で表します。

答 情状《じょうじょう》

使い方 「今日も遅刻とは、さすがに**情状を酌量する**余地はないね」

52

自由が束縛されている状況から脱すること。

□に出《で》る

空欄に入るのは「娑婆」。仏教用語で「煩悩《ぼんのう》にあふれた現世（俗世間）」、転じて「**人々が自由に暮らす世の中**」を指します。

主に囚人が〝塀の外〟の世界をこう呼ぶため、「娑婆に出る」で「出所する」の意味に。

さらに、「自由を拘束された状況から解放される」時にも使われます。

答 娑婆《しゃば》

使い方 臨時の内勤が終わって、ようやく**娑婆に出られた**。

53

挨拶をして筋を通すこと。

□を切《き》る

ものごとを始める時、事前に関係者に連絡して筋を通すことを意味します。ヤクザ映画では「**初対面の相手に挨拶をする**」の意味で「仁義を切る」が使われています。

「仁」も「義」も儒教における「徳」の一つ。「事前の挨拶で筋を通す」のは、人として果たすべき礼儀や規範だということです。

答　仁義《じんぎ》

使い方　新事業を始める前に、旧知の取引先に**仁義を切って**おく。

54

大きな差をつけられて負けること。

□を喫《きっ》する

空欄に入るのは「大敗」で、読んで字の如く、「**話にならないくらいの大差で敗れること**」「**完敗すること**」を表します。

「喫する」は、ここでは「好ましくないことが身に降りかかる」「厳しい体験をさせられる」といった意味で使われています。

類語は「苦杯を嘗《な》める」などがあります。

答　大敗《たいはい》

使い方　優勝候補のチームと対戦して、あっけなく**大敗を喫した**。

55

威勢がよく、やる気にあふれていること。

□を揚《あ》げる

威勢のよいことを言ったり、血気盛んに熱く議論したりすることを表す言い回し。

空欄に入るのは、「**燃え立つ炎のように熱く盛り上がる心**」を表す「気炎（気焔とも）」。「気炎万丈」という四字熟語に由来する言葉です。続く「揚げる」は「上げる」と書くことも。「気炎を吐く」とも言います。

答　気《き》炎《えん》

使い方　酒の勢いを借りて、大いに**気炎を揚げる**。

56

これ以上どうしようもなくなること。

□が尽《つ》きる

生き延びる術《すべ》がなくなり、追い詰められて「**もはやこれまで**」と諦《あきら》めの心境に至る。この状況を「命運が尽きる」という言葉で表します。類語は「万策が尽きる」。

「命運」も「運命」もほぼ同じ意味。何とか辛《かろ》うじて存続してきたけれど、ついに観念する時が来たというニュアンスです。

答　命《めい》運《うん》

使い方　善戦したが最終ラウンドのダウンで**命運が尽きた**。

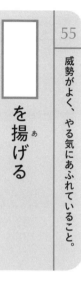

57

事前の評価を一転させてよい評価を得ること。

□を覆《くつがえ》す

「事前の評判」という意味のとおり「前評判」が入るのが正解。「覆す」には、物理的に「ひっくり返す」のほか、「**価値観や考え方を一変させる**」という意味があります。

「前評判」と似た言葉に「下馬評」があり、前評判よりも信頼度の低い下世話なうわさといったニュアンスの時に使われます。

答 **前評判《まえひょうばん》**

使い方 「この映画、**前評判を覆して**大ヒットしたよね」

58

他人からの評価を落とさずに済むこと。

□を保《たも》つ

「周囲の評価を維持できる＝**恥をかかずに済む**」「名誉が保たれること」を意味します。世の中に対する体裁や〝聞こえ〟を表す「面目」。「めんもく」とも読み、「面目丸つぶれ」「面目を失う、つぶす」などと使われます。

「面目が立つ」、「体面を保つ」「面子《めんつ》を保つ」「体裁を保つ」なども同じ意味です。

答 **面目《めんぼく》**

使い方 「そう言っていただけると、こちらも**面目を保てます**」

59

おおよその見通しが立つこと。

□がつく

取り組んでいるものごとの大体の見通しが立って、**先々の予想がつく状況のこと。**人形づくりで顔を描く際、「目と鼻」をつけると全体が整って出来上がりがイメージできるようになることから「見通せる」の意味になりました。「目処《めど》がつく」「目途《めど》がつく」も同じ意味で用いられます。

答 **目鼻《めはな》**

使い方 懸案の新規顧客との取引も、ようやく**目鼻がつき**そうだ。

60

他人の欠点や失敗を責めること。

□を難《なん》ずる

「欠点」「間違い」「過失」を取り上げて責め立てる（難ずる）こと。空欄は「非」で、そのまま「**非難すること**」を意味します。
混同しやすい言葉に「批判」があります。「非難」は「悪い点を一方的に責める」こと、「批判」は「悪い点を論理的に指摘し、正すために論じる」ことで、意味が異なります。

答 **非《ひ》**

使い方 今さら彼の**非を難じて**みても始まらない。

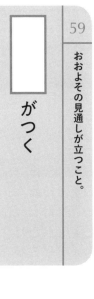

61

勝利の判定を下すこと。

□が上《あ》がる

由来は相撲。勝った力士を示して行司の持つ軍配うちわが上がることから、勝負や競争の結果「勝ちが決まる、**勝ちと判定されること**」を表します。「Aに軍配が上がる」は「Aの勝ちが決まる」という意味です。「勝負がつく」「ケリがつく」などがニュアンスの近い表現になります。

答 軍配《ぐんばい》

使い方 今回のプレゼンは、我が社に**軍配が上がった**。

62

他人の評価を気にせず、自信を持って行動すること。

□を振《ふ》る

誰の目もはばかることなく、遠慮もせず、卑下することもなく堂々と振る舞う様子。両方の手を大きく前後に振り動かし、胸を張って歩くイメージです。**誰にも文句は言わせないという自信にあふれた心情**を伴っており、「誇らしげ」「意気揚々《ようよう》」などが同じニュアンスになります。

答 大手《おおで》

使い方 再検査も異常なし。これで**大手を振って**酒が飲める。

63

よくないことが起こりそうな雰囲気になること。

□が垂《た》れ込《こ》める

前途多難や先行きが不安、という状態を「今にも雨が降り出しそうな空に漂《ただよ》う暗い雲（＝暗雲）」にたとえた表現です。

「垂れ込める」は「不穏な気配」があたり一面を覆っている様子を表します。

雲の動きは「ものごとの動向」を象徴して、「雲行きが怪しい」などとも使われます。

答 **暗雲《あんうん》**

使い方 経済の先行きに**暗雲が垂れ込めて**いる。

64

人をおだてたり、褒《ほ》めそやすこと。

□を担《かつ》ぐ

みんなである人を持ち上げ、おだて、褒めそやしていい気分にさせることを表す言い回し。誰かにリーダーや代表者などの**重要な役割をお願いするようなケースでよく用いられます。**

お祭りで神輿（御輿）を上へ上へと担ぎ上げ、祭り上げることに由来した表現です。

答 **神輿《みこし》**

使い方 「みんなで**神輿を担いで**、彼に責任者になってもらおう」

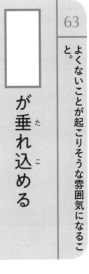

65

弱い部分を隠し、強そうに振る舞うこと。

□を張《は》る

自分の実力のなさやコンプレックスを隠すために、無理して自分を大きく見せようと強がる、やせ我慢をする、威張りまくる。こうした態度を指す言い回しです。

空欄は「**うわべだけの、見せかけの勢い**」を表す「虚勢」。外観を繕《つくろ》う意味では、「見栄を張る」という表現もあります。

答 虚勢《きょせい》

使い方　強気な言い分だが**虚勢を張っている**だけだ。

66

大きな問題にはしないでおくこと。

□に付《ふ》す

本来ならきっちり問い質《ただ》すべきことを、取り立てて問題にしない、咎《とが》めずに見逃す、大目に見る、つまり「**許す**」ことです。

空欄は「問題にしない＝不問」が適切。また、ここでの「付す」は「取り扱う」「取り計らう」の意味。「目をつぶる」「お咎《とが》めなしにする」などが類語になります。

答 不問《ふもん》

使い方　悪気《わるぎ》がなく反省もしているので、今回は**不問に付し**ましょう。

67

人の気持ちに動かされて自分の気持ちが乗ってくること。

□に感《かん》じる

ある人が自分を「頼りにしている」「期待している」「価値を認めてくれている」ことを知って、それに応えようと努力する。「**その人のために頑張ろうという思いが湧いてくる**」。そんな心情を表します。

「意気」には、意気込みが盛んになることを表す「意気が揚がる」という表現もあります。

答 **意気《いき》**

使い方 社長の熱意を**意気に感じて**現場も頑張っている。

68

興奮して分別のない行動をすること。

□に逸《はや》る

空欄は「意気盛んな活力、激《げき》しやすい心」を意味する「血気」。「逸る」は「気持ちが焦る」。合わせて「**カッと熱くなって、向こう見ずで無鉄砲な行動に走る**」になります。

「血気」には、後先を考えない勢い任せの粗暴な行為を表す「血気の勇」といった表現もあります。

答 **血気《けっき》**

使い方 まだ若いから、**血気に逸る**のも仕方ないか。

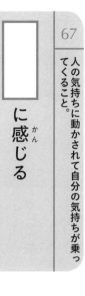

69 予想外のことをして驚かせること。

□を突《つ》く

思いもよらないことをして、相手を「あっと驚かせる」こと。空欄には「思い（意）の外側（表）＝**まったく考えていなかった予想外のこと**」を意味する「意表」が入ります。「突く」は「思いもしない箇所や急所、弱点を鋭く指摘する」の意味です。

類語には「不意を打つ」などがあります。

答 **意表《いひょう》**

使い方 **意表を突く**攻撃が相手チームを混乱させた。

70 数え上げるときりがないこと。

□にいとまがない

「いとまがない＝暇がない」で「手の空く間《ま》がない」という意味。そこに、「一つひとつ数えること」を表す「枚挙」という言葉を組み合わせて、「**数え始めたら手を休める時間もないほど多い**」という意味になります。

類語に「星の数ほど」「掃いて捨てるほど」「ごまんと」などがあります。

答 **枚挙《まいきょ》**

使い方 あの店の悪い評判は**枚挙にいとまがない。**

71

その分野においてとくに優れていること。

□を許《ゆる》さない

空欄には「後からついていく」「真似をする」を意味する「追随」が入り、「後に続く人が存在しないほど、**真似ができないほど優れているさま**」を表します。主に「他《た》の追随を許さない」という表現で使われます。

同じ意味を持つ言葉に、「右に出る者がいない」「人後に落ちない」などがあります。

答 **追随《ついずい》**

使い方　彼女の英会話の実力は、社内でも**ほかの追随を許さない**。

72

苦労が報われないまま終わること。

□に終《お》わる

せっかく苦労したのに、最終的に何の結果も出せなかったという状況を表す言い回し。

空欄には「無益な努力や苦労」を意味する「徒労」が入ります。

頑張ったけれど無駄だった、いわゆる「**骨折り損のくたびれ儲け**（努力が成果につながらず、疲れただけ）」を意味します。

答 **徒労《とろう》**

使い方　苦労して書き上げた脚本だったが、採用されず**徒労に終わった**。

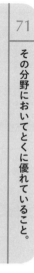

73

ものごとのきっかけを得ること。

□を掴《つか》む

ものごとが始まったり、進行・展開・解決したりするきっかけ、契機を得ること。また、問題解決の糸口となる手がかりや証拠を掴むことを意味します。空欄に入るのは**「ものごとの始まり」**を表す「端緒」。「たんちょ」とも読み、「ものを引き出す時、最初に掴む端っこ部分」というニュアンスです。

使い方　不況の中でも、何とかV字回復の**端緒を掴み**たい。

答　端緒《たんしょ》

74

感覚的で大雑把《おおざっぱ》な予想が外れること。

□を誤《あやま》る

正確な数値はともかく「見た感じ」でサイズや分量の見当をつける＝目分量で測ることを表す「目測」が入ります。それを「誤る」で、**感覚での予想が外れる**という意味です。

この表現はサイズや分量だけでなく、時間や期間の読み間違いなど、感覚での予想が間違っているケース全般に使われます。

使い方　7月に納品できると思ったが、**目測を誤って**大きく発売が遅れた。

答　目測《もくそく》

75

息を殺して成り行きを見守ること。

□を呑《の》む

「これからどうなるんだ?」といった成り行きが気掛かりな状況に直面し、緊張しているさまを**「唾《つば》をゴクリと飲み込む」**行動にたとえた表現。息を凝らした時、口の中に溜まる唾を「固唾」と言います。

同じ唾でも、欲しくてたまらない時に飲み込むのは「生唾《なまつば》」になります。

答 **固唾《かたず》**

使い方 彼の現役最後の打席を、観客の誰もが**固唾を呑んで**見つめている。

76

変わることなく悪い方向に向かい続けること。

□を辿《たど》る

途中少しも上向かず、**好ましくない方向に動き続けていく様子**を表す言い回し。空欄の「一途」は「ただそればかり」の意味で、読みは「いちず」ではなく「いっと」が正解。「辿る」は「次第に進む」の意味。類語に、ものごとが徐々に悪くなっていくさまを表す「右肩下がり」があります。

答 **一途《いっと》**

使い方 昨年以降、業績は悪化の**一途を辿って**いる。

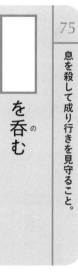

77 雑誌などで、最初に大きく取り上げられること。

□□を飾《かざ》る

空欄に入る「巻頭」とは、本や雑誌の読み始めの部分。**真っ先に読者の目に入る、非常に重要なページ**です。

「掲載する価値を認められた記事や特集が巻頭に掲載されること」を「巻頭を飾る」と表現します。「飾る」には「素晴らしさ、華やかさを添える」の意味があります。

答 巻頭《かんとう》

使い方 話題の美人ゴルファーが週刊誌の表紙と**巻頭を飾った**。

78 前に負けた相手に勝って名誉を挽回《ばんかい》すること。

□□を果《は》たす

やられた相手にやり返して見返すこと。

空欄は「汚名を雪《すす》ぐ」を意味する「雪辱」、「果たす＝成し遂げる」と合わせて**「名誉を挽回し、汚名を返上する」**になります。

「雪辱を晴らす」は誤用。「雪辱」にはそれだけで「雪ぐ」の意味があるので、「雪辱＝屈辱を晴らす」ことになります。

答 雪辱《せつじょく》

使い方 去年は決勝で敗れたが、今年は**雪辱を果たして**優勝した。

79

まともに見られないほどひどい状況であること。

□に耐《た》えない

「目を背《そむ》けたくなるほど悲惨」「見ていられないほど恥ずかしい」などの状況を指す表現。「耐えない」は「堪えない」とも書き、「～できない」「～していられない」を表します。

言い回しは「**正面からまともに見ていられない**」のニュアンスで使われ、「見るに耐えない」とも言います。

答　正視《せいし》

使い方　事故現場は、**正視に耐えない**ほど凄惨《せいさん》な有様だった。

80

重責ある任務を引き受けること。

□に担《にな》う

重い荷物を左右両方の肩（双肩）に担いで持ち運ぶことから転じて、「**重要な任務を任され、その責任を負う**」ことを意味します。「双肩に掛かる」とも言います。

ここでの「肩」は「責任を担う場所」のたとえで使われ、ほかに「肩の荷を下ろす」のようにも用いられます。

答　双肩《そうけん》

使い方　会社の命運を**双肩に担って**、新社長に就任した。

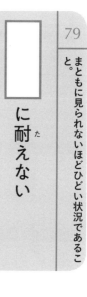

81

油断したために失敗すること。

□を取《と》る

油断や気の緩《ゆる》みで思わぬ失敗をしたり、恥をかいたりすること。格下の相手を甘く見て敗れるといった場合によく使われます。

空欄は「**油断して失敗すること**」を意味する「不覚」。ほかに「意識がはっきりしないこと」の意味もあり、「前後不覚」「不覚にも涙する」などに用いられます。

答 不覚《ふかく》

使い方 相手は素人だと甘く見ていたら、思わぬ**不覚を取った**。

82

ものごとを見極める能力のなさを恥じること。

□を恥《は》じる

ものごとを見極める力のなさや認識不足を恥じること。単に「知識がない」「勉強不足」だけでなく、「**深く考えが及ばない**」「**道理を理解していない**」「**真意を見抜けない**」といったニュアンスです。

空欄は「不明」。「（認識不足だったために）不明の致すところ」などにも使われます。

答 不明《ふめい》

使い方 判断ミスでこんな事態になり、己の**不明を恥じている**。

83

嘘を言うこと。

□を吐《は》く

空欄に入るのは、嘘偽りやデタラメ、つくり話などを表す「虚言」という言葉。「妄言《もうげん》」と混同されがちですが、「虚言」は「**他者を欺《あざむ》く言葉**」、「妄言」は「根拠がない言葉」と、微妙にニュアンスが違います。また、ここでの「吐く」は「好ましくないことを言う」の意味で使われます。

答　**虚言《きょげん》**

使い方　あの人は**虚言を吐く**癖があって信用ならない。

84

命を投げ出して取り組むこと。

□を賭《と》す

「命を失っても（死んでも）いい」という覚悟で、必死にものごとに取り組む様子。「賭す」は「賭《か》ける」ですが、勝負やギャンブルというよりも、「**目的完遂《かんすい》のために差し出す**」「**失うことを覚悟して臨む**」のニュアンスです。ここで「賭す」のは「身体と命＝身命」です。「しんみょう」とも読みます。

答　**身命《しんめい》**

使い方　「私の**身命を賭して**、このプロジェクトを成功させます」

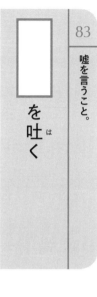

85 □に絶《ぜっ》する

言葉では言い表せないような状況のこと。

度肝を抜かれるような「すごい」「とんでもない」「圧倒されるような」「ひどい」状況に直面して思わず言葉を失う。「**壮絶過ぎて形容する言葉が見つからず言葉にできない**」、そんな状況を意味する表現です。「絶する」は「レベルをはるかに超える」の意味。「言語を絶する」とも使います。

答 言語《げんご》

使い方 台風が直撃した村の光景は、**言語に絶する**ものだった。

86 □が悪《わる》い

追い詰められても、しつこく諦《あきら》めないこと。

窮地に追い込まれて「もうダメ」と分かっているのに、諦めきれずに悪あがきをすること。**未練がましくて潔《いさぎよ》くない態度を表します。**追い詰められて諦めなければいけない時の態度を、「死ぬ間際の振る舞い」にたとえて、「往生際」と言います。「往生」は仏教用語で「死」を意味します。

答 往生際《おうじょうぎわ》

使い方 「この期《ご》に及んで文句を言い出すなんて**往生際が悪いぞ**」

87

願ってもいない利益を受けること。

□に浴《よく》する

他者からもたらされた思わぬ幸運や利益を受け取ること。恵みを一身に浴びるニュアンスから「浴する」と表現します。

空欄には、自分の行動や努力の成果ではなく、他者から与えられたありがたい恵みを意味する「恩恵」が入ります。「恩恵に与《あずか》る」とも言います。

答　恩恵《おんけい》

使い方　若い頃は、かなりバブルの**恩恵に浴した**ものだ。

88

きわめて危険な状況に臨むこと。

□を踏《ふ》む

非常に緊迫した状況にヒヤヒヤしながら臨むこと。とても危険な状態のことを「いつ割れてもおかしくない、水面に薄く張った氷の上を歩く様子」にたとえています。

語源は、中国の『詩経《しきょう》』にある「深淵《しんえん》に臨《のぞ》んで薄氷《はくひょう》を踏《ふ》むが如《ごと》し」の一節。「薄氷を履《ふ》む」と表現することもあります。

答　薄氷《はくひょう》

使い方　**薄氷を踏む**ような辛勝《しんしょう》にグッタリ疲れる。

89

後輩に自分の立場を譲り渡すこと。

□に道《みち》を譲《ゆず》る

ここでの「道を譲る」は「脇に寄って先に行かせる」のではなく、「**後輩に任せて退く**」です。空欄に入るのは、後輩を意味する「後進」。つまり、現役を引退して、後輩に自分のポジションや役割を引き継ぎ、任せることを指します。先輩が後輩のために自ら身を引くというニュアンスで使われます。

答　**後進《こうしん》**

使い方　そろそろ**後進に道を譲って**のんびりしようと思う。

90

すごくムカムカし、不快でたまらないこと。

□が走《はし》る

胸がムカムカしてくる、吐き気を催《もよお》すなど、**生理的に受け付けない**ほどの強い嫌悪感や不快感を表す時に用いられます。「走る」は「感情が一瞬こみ上げる」で、空欄には「吐き気と共に口に上がってくる胃液」を指す「虫酸」、もしくは「虫唾（虫の唾液）」が入ります。

答　**虫酸《むしず》**

使い方　「あのパワハラ部長、顔を見るだけで**虫酸が走るよ**」

91

切羽詰まった状況を一時的に解消すること。

□を凌《しの》ぐ

差し迫っている事態を、とりあえず応急処置で対応することです。空欄に入るのは「**急を要する事態や場面**」を表す「急場」。続く「凌ぐ」には「辛抱《しんぼう》して乗り越える」の意味があります。

「その場凌ぎ」「当座を凌ぐ」「急場に間に合わせる」といった表現もあります。

答 急《きゅう》場《ば》

使い方 この融資で、とりあえず**急場を凌ぐ**ことにしよう。

92

不名誉な評価を一方的に押し付けること。

□を押《お》す

不名誉な評価をして、一方的にそう決めつけること。空欄に入るのは**昔、刑罰で罪人の肌に押された焼印**の「烙印」です。

主に「一回のミスで無能の烙印を押された（＝無能と決めつけられた）」のように受け身の形で使われます。類語に「レッテルを貼る」「極印《ごくいん》を押す」などがあります。

答 烙《らく》印《いん》

使い方 外見だけで「ヤンキー」の**烙印を押される**。

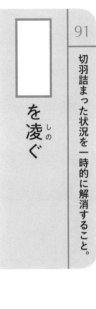

93 できる限り贅沢《ぜいたく》にすること。

□を尽《つ》くす

惜しまずにお金を費やし、とことん贅沢をすること。「尽くす」は「ものごとを『これ以上ない』という極みに達するまで突き詰める」を意味します。「贅を極める」とも。

似た言葉に、主に批判的なニュアンスで用いられる「奢侈《しゃし》を尽くす（身の丈を超えて分不相応に贅沢をする）」があります。

答 贅《ぜい》

使い方 **贅を尽くした**インテリアにため息が出てしまった。

94 哀悼《あいとう》の意を表して静かに祈ること。

□を捧《ささ》げる

空欄には、**葬儀や慰霊式典などで故人の冥福を祈るために行われる**「黙祷」が入ります。「黙」は「黙って静かに」、「祷」は「神仏に願い、祈る」を意味します。

続く「捧げる」は「大切な相手に向けて愛情を尽くし、真心を差し出す」。故人に黙祷を献ずるという意味になります。

答 黙祷《もくとう》

使い方 毎年終戦記念日には、戦没者の霊に**黙祷を捧げて**いる。

95

自分勝手な言い分を〝くどくど〟話すこと。

□を並《なら》べる

どうでもいいような話や聞きたくもない話、**自分勝手な言い訳、屁理屈**などをいつまでも長々と言い立てる。しかも、「神様のお告げ」のように〝偉そうにもったいぶった態度〟で話す。そうしたさまを表します。「並べる」は「列挙する」の意味。類語は「能書《のうが》きを並べる」「講釈《こうしゃく》を垂れる」などです。

答　御託《ごたく》

使い方　「**御託を並べて**いないで、今できることに集中しろ」

96

些細《ささい》なきっかけで激しく怒ること。

□を起《お》こす

短気で激《げき》しやすい人が起こす、突然発生的な怒りの発作を「癇癪」と呼びます。**ちょっとしたことで怒りの感情が爆発してしまう人のことは「癇癪持ち」**。打ちつけると大きな音を出して破裂する「癇癪玉」もこの言葉に由来します。類語には「逆上する」「短気を起こす」があります。

答　癇癪《かんしゃく》

使い方　「この程度のことで**癇癪を起こす**なよ」

97

陣頭に立って指図をすること。

□を振《ふ》る

「**集団のリーダーとして指揮を執《と》ること**」を表す言葉。昔、戦場で武将が軍を動かす際に、白紙などを束ねて房状にしたものを振り動かして合図を出したことに由来します。「采配を振るう」は間違い。「振るう」は「十分に発揮する」を意味するため、標題の場合は動作を表す「振る」が正解です。

答 采配《さいはい》

使い方 こんなに大きなプロジェクトの**采配を振る**のは初めてだ。

98

重要な命令や任務を任されること。

□を帯《お》びる

「帯びる」は「(任務を)引き受ける、負う」という意味。標題の言い回しは、「**責任を持って果たさなければならない重要な任務を引き受けること**」を意味しています。

空欄は「使命」。本来は「遣《つか》わされた使者としての役目」ですが、「任された者が果たすべき役目や命令、任務」も表します。

答 使命《しめい》

使い方 会社の命運を左右する事業を成功させるという**使命を帯びて**いる。

99

まったく何も着ていない様子。

□纏《まと》わぬ

「纏う」は「(衣類などを)着る」こと。標題の言い回しは「一枚の衣類も、下着さえも身に纏っていない状態」、つまり素っ裸、全裸、**丸裸であること**を表します。

空欄に入るのは「ごくわずかなさま」を細い糸にたとえた「一糸」。一筋の糸さえ着ていないというニュアンスで使われます。

答 一糸《いっし》

使い方 ベッドに**一糸纏わぬ**女性が横たわっていた。

100

事態が悪い方へ行こうとしていると指摘すること。

□を鳴《な》らす

ここで鳴らすのは「差し迫る危険や予想される事態の悪化を知らせ、警戒を促すための鐘＝警鐘」。「**注意するように促す、忠告する**」というニュアンスです。

ちなみに、交通機関や警察官が鳴らす「警笛《けいてき》」も危険を警告する手段ですが、「警鐘」の代用としては使わないので要注意です。

答 警鐘《けいしょう》

使い方 災害対策を怠る経営姿勢に**警鐘を鳴らす**。

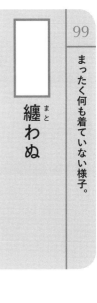

ビジネスで使える「叱咤激励《しったげきれい》」の表現

発注ミスで落ち込んでいたら、先輩に**発破《はっぱ》を掛《か》けられた**よ

そうそう、誰にだって失敗はあるんだから

▷**発破を掛ける…** 強い口調で励まし、発奮を促すこと。

ウチのリーダーは人をその気にさせるのがうまいよね

あの人に**尻《しり》を叩《たた》かれる**と、「よし」って思っちゃうんだよな

▷**尻を叩く…** やる気と行動を促し、励ますこと。

長期休暇明けで、すぐには仕事モードに戻れなくて……

いつまでも休日気分でいると、部長に**活《かつ》を入《い》れられる**ぞ

▷**活を入れる…** 刺激を与えて活気づかせること。

ビジネスで使える「失敗・ミス」の表現

今日のプレゼン、手応えがイマイチでしたね

データの数字に間違いがあって、最後に**味噌《みそ》をつけた**からな

▷**味噌をつける…** しくじって恥をかくこと。

新しい社長、社内改革に燃えているらしいよ

どうせ前社長の**轍《てつ》を踏《ふ》んで**、掛け声だけで終わるだろ

▷**轍を踏む…** 先人と同じ失敗を繰り返すこと。

こちらのミスだから、潔《いさぎよ》く詫《わ》びてくるよ

それがいい。下手な言い訳をしても**墓穴《ぼけつ》を掘《ほ》る**だけだ

▷**墓穴を掘る…** 自分の行動で、自分自身が不利な状況に陥《おちい》ること。

ビジネスで使える「交渉」の表現

先輩から引き継いだＡ社に営業をかけてきます

先方にはオレから**渡《わた》りをつけて**おいたから心配ないよ

▷**渡りをつける…** 交渉するために前もって連絡を取っておくこと。

あの人、しょっちゅう異業種交流会に参加しているよね

将来、起業するための**布石《ふせき》を打《う》っている**んじゃないか

▷**布石を打つ…** 先々のことを考えて、あらかじめ準備しておくこと。

この問題は深刻で、担当者レベルでは埒《らち》があきません

分かった。部長に頼んで**話《はなし》をつけて**もらおう

▷**話をつける…** 交渉や相談事を話し合って決着させること。

3

表現に深みが出る

上級レベル

「高い教養」を感じさせ、周囲からの評価もグンと高まる上級レベルの慣用句100語をラインナップ。

状況に応じて的確に使いこなせば、表現にも深みが増して「対話力」が上がり、大人の知性が際立ちます。

1 将来に対する明るい見通しが持てること。

□を見出《みいだ》す

暗がりに光る小さな灯《あか》りに希望を得るように、「**苦境の中、わずかながらも希望をもたらす存在を見つけること**」を意味します。空欄に入るのは「希望や明るい見通し」を意味する「光明」。「一筋の光明を見出す」「光明を得る」のように使います。「希望を見出す」と同意です。

答 光明《こうみょう》

使い方　小さな手掛かりに、事件解決の**光明を見出した**。

2 もっとも大切な場面に差し掛かること。

□に入《はい》る

たとえば水戸黄門の印籠《いんろう》シーンやサスペンスの謎解きシーンなど、**物語が見応えのあるクライマックスに差し掛かること**。空欄に入る「佳境」は「景色のいい場所」の意味ですが、ビジネスが重要局面を迎えた時、ものごとの状況が最盛期に差し掛かった時などにも使われます。

答 佳境《かきょう》

使い方　このプロジェクトもそろそろ**佳境に入る**。

3

表情が一転してにこやかになること。

□を崩《くず》す

硬く厳しかった表情や、険《けわ》しかった〝**じかめっ面〟を崩して顔がほころび、やさしい笑顔になるさま**を意味します。

「崩す」のは、表情や顔つきを表す「相好」。一般的には、ほとんどこの言い回しでしか使われません。類語には「破顔する」「目を細める」などがあります。

答 相好《そうごう》

使い方 普段は頑固で偏屈な親父が、**相好を崩して**孫を抱いている。

4

考え方や手段、立場が同じであること。

□を一《いつ》にする

先に行った車の車輪跡をなぞってついていく様子から「**軌跡を辿《たど》って同じ道筋を進む＝立場や考え方が同じ**」になりました。

さらに「国家が統一されている状況」を表すことも。「機を一にする」は間違いです。類語に「方法が同じ」を意味する「揆《き》を一にする」があります。

答 軌《き》

使い方 性格は正反対だが、仕事への向き合い方では**軌を一にして**いる。

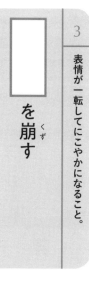

5

心の微妙な状態を感じ取ること。

□に触《ふ》れる

表情からは分かりにくい微妙な感情や心の揺れ動きを「機微」と言い、人情の機微（人間味ある心のさま）、「人生の機微（人生の味わい）」などと使われます。ここでの「触れる」は「気づく」に近いニュアンス。ものごとの些細《ささい》な変化に気づくことも「機微」で表します。

答　機微《きび》

使い方　この映画は人情の**機微に触れる**秀作だ。

6

仏や菩薩に誓いを立てて事の成就《じょうじゅ》を願うこと。

□を立《た》てる

仏教用語に由来する表現で、願いをかなえるために**〝善き目標〟を仏に誓うこと**。ただ願うのではなく、そのために何らかの実践を約束する、というイメージです。間違いやすいのが、同じ読みの「請願」ですが、こちらは「お上に願い出る、陳情して要請する」ことで、意味が異なります。

答　誓願《せいがん》

使い方　起業を成功させるために、一年間禁酒して**誓願を立てた**。

7

心の中で愛《いと》しさと憎さが半々な様子。

□半《なか》ばする

好きと嫌いが半分ずつ。一つのものごとに対して愛しさと憎さの、相反する感情を抱いて葛藤《かっとう》する胸の内を表す言葉です。「愛憎相半《あいなか》ばする」とも言います。

似た言葉に「愛憎こもごも」があります。「こもごも」は「交々」。愛憎が半々ではなく、交互に浮かぶことを意味します。

答　愛憎《あいぞう》

使い方　自分を捨てた母親には、**愛憎半ばする**感情がある。

8

詳しい事情を説明する必要がないこと。

□に及《およ》ばず

とやかく言うまでもないことのたとえ。「及ばず」は「必要がない」の意味です。「**事細かに説明しなくても分かる**」、さらに「あれこれ言ったところで仕方ない」というニュアンスでも使われます。空欄に入るのは「詳しい事情」や「堂々とは言えない不平、不満、異議」を表す「仔細」です。

答　仔細《しさい》

使い方　先方は状況を把握していて、**仔細に及ばず**という感じだった。

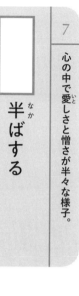

9

ものごとが、ある状態を示すこと。

□を呈《てい》する

「呈する」は、**ものごとが「～の状態になる」「～の状態を見せる」**など、「示す、表す」という意味です。

空欄に入るのは、状況や事態の「状態、様子、ありさま、姿」などを意味する「様相」。「ただならぬ様相」「混迷の様相」などのようにも使われます。

答　様相《ようそう》

使い方　駐車場が高級外車の展示会の**様相を呈してい**る。

10

多くのものの中で、とくに違って見えること。

□を放《はな》つ

それだけが通常とは違う際立った色彩を発している様子が転じて、「ほかと比べ、一際《ひときわ》目立っている」ことを表します。空欄には「異なる彩《いろど》り＝異彩」が入ります。

ただ単に目立つとか〝悪目立ち〟ではなく、**才能や個性が抜きん出て優れている場合**など、好ましい状況で使われます。

答　異彩《いさい》

使い方　募集した企画の中で一際**異彩を放って**いる。

11 誇りや面目に差し支えること。

□に関《かか》わる

「プライドが傷つく」「評判が悪くなる」「面目丸つぶれになる」といったニュアンスを表現する言い回し。ここでの**「関わる」は「影響が及ぶ」**を意味します。

空欄に入るのは「沽券」。元は土地や家屋の売却証文のことで、そこから転じて「プライド」や「体面」のたとえになりました。

答　沽券《こけん》

使い方　部下に教えを請うなんて、上司としての**沽券に関わる。**

12 素晴らしいものに深く感動すること。

□に触《ふ》れる

美しく奏でられる「琴」の音色のように、**心の奥に染み渡るような深い感動にとらわれる様子**を表します。空欄に入るのは「琴の糸」を表す「琴線」です。

ポジティブ感情に使う表現で、「怒り」などには使いません。怒りを買った時に触れるのは「琴線」ではなく「逆鱗《げきりん》」です。

答　琴線《きんせん》

使い方　彼女の美しい歌声は、僕の心の**琴線に触れた。**

13

わずかな時間も無駄にせずに取り組むこと。

□を惜《お》しむ

休む時間ももったいないくらい一所懸命になって取り組むさまを意味します。

ここでももったいないと思って（＝惜しんで）いる**「わずかな空き時間」**は、長さの単位を用いた言葉「寸暇」で表されます。

「寸」は「ごくわずか、非常に少ない」を意味し、「寸前」「寸劇」などで使われます。

答　寸暇《すんか》

使い方　納期が近いため、全員が**寸暇を惜しんで**作業にあたっている。

14

瞬間的な強い光が照らすこと。

□が走《はし》る

鋭く強い光が、一瞬だけ現れるさま。瞬間的に閃《ひらめ》く光やスパークする光のことを、「閃光」と言います。

ここでの「走る」は「駆ける、ランニングする」の意味ではありません。「痛みが走る」などのように**「瞬間的に出現してすばやく動く」**ことを意味しています。

答　閃光《せんこう》

使い方　停電中で真っ暗な店内に、突如、雷鳴と共に**閃光が走った。**

15 □を切《き》らされる

無理やりに責任を取らされること。

自分が（自分だけが）負う必要のない責任を押しつけられ、処分を強制されること。誰かの保身のために、**不本意ながら最後（大詰め）の責任を負わされること**を表します。

〝偉い人〟の不祥事《ふしょうじ》の責任を下級武士が負わされ、切腹を強要された武士の世界の理不尽さに由来しています。

答 詰《つ》め腹《ばら》

使い方 部下の不始末で**詰め腹を切らされ**、課長は地方に出向させられた。

16 □を漏《も》らす

声を詰まらせながら泣くこと。

泣いている様子を表します。それも大粒の涙をこぼしての号泣ではなく、感情の昂《たか》ぶりをこらえながら声を押し殺して咽《むせ》び泣く。**我慢しきれずに抑えていた泣き声が漏れてしまう**。そんなイメージです。

空欄には、このような泣き方を意味する「嗚咽」という言葉が入ります。

答 嗚咽《おえつ》

使い方 誰かの**嗚咽を漏らす**声が聞こえてくる。

17 不満や怒りを発散して解消すること。

□を晴《は》らす

表に出せず、心の内側に積もりに積もった怒りや不平不満などの**ネガティブ感情を忘れるために、何らかの行動をとる**こと。

空欄には「鬱屈した気分や憤《いきどお》り＝鬱憤」が入ります。「憂《う》さを晴らす」「ストレスを解消する」などが類語です。「晴らす」は消し去ってスッキリすることを意味します。

答 **鬱憤《うっぷん》**

使い方 「クレーム対応での**鬱憤を晴らし**にパーッと飲みにいこう」

18 蓄えた知識や学問を発揮すること。

□を傾《かたむ》ける

持っている知識の〝ありったけ〟を発揮することを表します。「傾ける」は「集中させること、傾注すること」。**蓄えた深い知識**が「蘊蓄」で、「蘊」も「蓄」も蓄積することを意味します。雑学やマニアックな豆知識を指すことも。「蘊蓄を垂れる」は侮蔑《ぶべつ》のニュアンスで使われる表現です。

答 **蘊蓄《うんちく》**

使い方 同僚は哲学の話になると**蘊蓄を傾け**始める。

19

言い方や表現、内容が非常に厳しいこと。

□を極《きわ》める

標題の言い回しは、「言うことが非常に手厳しいこと、**"超辛口《ちょうからくち》" な言い方をすること**」を意味します。

空欄に入るのは、「辛口な物言い」を唐辛子やラー油などのピリリとくる「辛味」にたとえて表現した「辛辣」。「極める」は「これ以上ない状態まで持っていく」を表しています。

答 **辛辣《しんらつ》**

使い方 虫の居所が悪かったのか、上司の説教は**辛辣を極めた。**

20

予期せぬ災難などで不幸な死を迎えること。

□を遂《と》げる

予期しない不慮の事態によって、悔いを残したまま亡くなること。それも**尋常《じんじょう》ではない悲惨な死に方をすること**を意味します。

仏教用語に由来しており、「業因《ごういん》によって定められた寿命」を全《まっと》うしないまま死ぬことを表します。ただ、かなり大げさな表現のため、日常生活では滅多に使われません。

答 **非《ひ》業《ごう》の死《し》**

使い方 戦国時代、**非業の死を遂げた**武将は数知れないだろう。

21

高い評判が世の中に広く知れ渡ること。

□を馳《は》せる

元は「**戦での勇敢な働きで〝武勇の人〟としての名声＝勇名が広まる**」こと。ここでの「馳せる」は「広くいき渡らせる」という意味。「有名」と誤用しがちですが、「勇名」が正解で、好ましい評判の時に使われます。「名を馳せる」という表現もあり、こちらはよい評判悪い評判どちらにも使います。

答 勇名《ゆうめい》

使い方 若い頃は〝神営業〟として**勇名を馳せた**ものだ。

22

意地や権威、誇りや信頼を背負ってものごとに臨むこと。

□をかける

「かける」は「賭ける」「懸ける」。賭けごとのように、「結果として失ってしまうリスクも覚悟して行動する」という意味。この表現の場合、「かける」のは金銭や物品ではなく、**「意地やプライド」といった心情**。それを「威信」という言葉で表します。「〜の威信をかけて」などで使われます。

答 威信《いしん》

使い方 予選トップ通過の**威信をかけて**決勝戦に臨む。

23

あらゆる障害を乗り越えて取り組むこと。

□を排《はい》する

「排する」は「取り除く、排斥する、排除する」の意味。ここで排除すべきは**「あらゆる困難や苦労」**を意味する「万難」。

ほとんどの場合、「万難を排して〜する」として、「どんなことがあっても、何としても、どんな困難にも、負けずに〜する」という意味で用いられます。

答 **万難《ばんなん》**

使い方 **万難を排して**このプロジェクトを完遂《かんすい》させるつもりだ。

24

感動して、息を詰まらせながら泣くこと。

□に咽《むせ》ぶ

「咽ぶ」とは「込み上げてくる感情に声が詰まる」こと。その状態で泣くのが「咽び泣き」です。とくに深い感動や感激、喜びなどの**感情が高まって咽び泣く様子**を「感涙（感動の涙）に咽ぶ」と言います。

また「咽ぶ」には、何かが喉に詰まって「むせる」の意味もあります。

答 **感涙《かんるい》**

使い方 奇跡の逆転勝ちで**感涙に咽ぶ**選手たち。

25 真意を隠すためにごまかすこと。

□を張《は》る

相手に本当の気持ちを知られないように、曖昧《あいまい》な言い方をしたり、**話をはぐらかしたりする**こと。戦の時、敵の目をくらますために、煙を幕のように放散させたことに由来する表現です。類語には、「信じがたい話を持ち出して相手を戸惑わせる」ことを意味する「煙《けむ》に巻く」などがあります。

答 煙幕《えんまく》

使い方　都合の悪い話になると**煙幕を張って**追及をかわそうとする。

26 全体の中で重要な役割を担っていること。

□を担《にな》う

全体の中で重要とされる役割を任され、引き受けるという意味の言葉です。鳥や飛行機が空を飛ぶためには翼が不可欠なことから、「一枚の翼＝一翼」を「**一つの重要な役割**」のたとえで用います。「担う」は「自分の仕事や責任として引き受ける」こと。「一角を担う」とも言います。

答 一翼《いちよく》

使い方　彼はこのプロジェクトの**一翼を担って**いる。

27

もし緊急事態が起こったら……という仮定。

□あれば

「いざという時は」「万一の場合は」を意味する言い回し。空欄に入るのは「一旦緩急」です。「一旦」は「もしも」、「緩急」は一般的には「緩《ゆる》いことと急なこと」ですが、ここでは「**差し迫った事態**」の意味で使われます。

『教育勅語』の中に「一旦緩急アレハ、義勇公ニ奉シ」という一節が出てきます。

答　一《いっ》旦《たん》緩《かん》急《きゅう》

使い方　「**一旦緩急あれば**いつでも力を貸します」

28

多くの人々の中で一段と優れていること。

□を抜《ぬ》く

学力やスキルがほかよりはるかに傑出していることを「**頭一つ抜きん出る**」と言います。空欄には、その意味をそのまま漢字にした「一頭地」という言葉が入ります。「一頭」は字の如くで「頭一つ分」のこと。「地」は「土地」や「地面」ではなく、特別な意味を持ちません。

答　一《いっ》頭《とう》地《ち》

使い方　彼の交渉力の高さは、社内でも**一頭地を抜いている**。

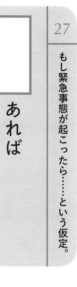

29

密かに連絡を取り合い、意思を通じ合わせること。

□を通《つう》じる

こっそり連絡を取り合って気持ちを通い合わせることを意味します。空欄に入るのは、「考えや気持ちのつながり」を血液が通う道筋にたとえた「気脈」。書道でも、文字や点画の間に通う**気持ちの流れ**を表します。

「こっそり密か」のニュアンスですが、よい意味、悪い意味、両方に使われます。

答　気脈《きみゃく》

使い方　彼は取引先と**気脈を通じて**情報を流していたらしい。

30

一所懸命ものごとに取り組むこと。

□を砕《くだ》く

苦しい思いをしながらも、全力を尽くしてことにあたることのたとえ。空欄に入るのは「肝胆」で、**肝臓と胆嚢《たんのう》（人体の重要な臓器）**から転じて「心の底」を表します。

つまり「肝胆を砕く＝心を砕く」ということ。そこから「苦心しながらも懸命に取り組む」の意味になりました。

答　肝胆《かんたん》

使い方　従業員みんなが一丸となって企画実現に**肝胆を砕く**。

31

自分の主張を人々に訴え、同意や行動を促すこと。

□を飛《と》ばす

「激励する」「気合を入れる」というニュアンスが定着していますが、それは間違い。

空欄に入るのは「檄」という文字。古代中国の、自分の意見や主張を書き記した文書のことで、**激励の「激」ではありません**。

遠方まで届くように発することを「飛檄《ひげき》」と言ったことから、「飛ばす」になりました。

答 檄《げき》

使い方 監督が選手に「集中していくぞ」と**檄を飛ばす**。

32

多くの人たちから意見を聞き、知恵を集めること。

□を集《あつ》める

ものごとに取り組む際、大勢の人の意見を結集させること。困難に直面した時、**みんなに相談し、知恵を借りながら解決していくという状況などで使われる**表現です。

空欄には「人々の知恵」を意味する「衆知」。集めるのは〝周囲の意見〟ですが、「周知」と書くのは間違いです。

答 衆《しゅう》知《ち》

使い方 社内の**衆知を集めて**開発した新商品の販売にこぎつけた。

33

辛《つら》くて苦しい経験をすること。

□を嘗《な》める

すごく辛《から》いものやすごく酸っぱいものを嘗めることを**「人生の厳しさや苦労」にたとえた言い回し**です。ここでの「嘗める」は「舌の先でなでるように触れる」ではなく「経験する」という意味で使われています。

類語に、辛い経験を「苦い汁」にたとえた「苦汁を嘗める」という表現もあります。

答　辛酸《しんさん》

使い方　彼は天涯孤独の身で、人生の**辛酸を嘗め**尽くしている。

34

愛し合う男女が人目を忍んで何度も会うこと。

□を重《かさ》ねる

ここは「逢引《あいびき》」ではなく「逢瀬」が正解。**「恋愛関係にある男女の密会」**を意味します。友人や家族とこっそり会うことは逢瀬とは言いません。

「逢瀬」の「瀬」は「場所」や「機会」の意味。「立つ瀬がない」「身を捨ててこそ浮かぶ瀬もあれ」などと使われます。

答　逢瀬《おうせ》

使い方　マスコミの目を逃れて女優と**逢瀬を重ねる。**

35

後々の災難の元になる問題が残っていること。

□を残《のこ》す

「禍」は「災いごと」、「根」は「原因」。「禍根」は、「目の前の災難のそもそもの原因」を意味します。そして、「**将来的に揉《も》めごとに発展しそうな要因を解消せずに残しておくこと**」が「禍根を残す」です。

また、そうした原因をすっぱり解決することを「禍根を断つ」と言います。

答 禍根《かこん》

使い方　今回の判断は絶対に**禍根を残す**ことになる。

36

包み隠さずに本音を打ち明けること。

□を開《ひら》く

この言い回しは、ネクタイを緩《ゆる》め、上まで留めたシャツのボタンを外して、ざっくばらんに交流すること。転じて「心の中の**本音を隠さずに打ち明ける**」様子を表します。

ここで開くのは「胸襟」。胸元や襟元《えりもと》を開いてその内側（＝心の内）を見せるという意味です。類語は「腹を割って話す」など。

答 胸襟《きょうきん》

使い方　**胸襟を開いて**話せる仲間がいるのは心強い。

37

心配ごとが最後まで起きず、安心すること。

□に終《お》わる

不安だったけれど結果的には何の問題もなかった、心配などする必要がなかったという状況のこと。こうした「**無用の心配**」を意味する言葉が「杞憂」です。

最初は本気で心配していたが〝取り越し苦労〟だった。杞憂は、そんな「結果論としての不要」のニュアンスで使われます。

答　杞《き》憂《ゆう》

使い方　不安で眠れなかったが、すべては**杞憂に終わった。**

38

細かいことも何一つ欠かさないこと。

□漏《も》らさず

「どんな些《さ》細《さい》なことでも、関係がないと思われることでも、残さずにすべてを～する」という意味で使われる表現。「**細かいこと（細事）から、重大なこと（大事）まで**」は、そのまま「細大」と表されます。

「一から十まで」「一部始終」「一切合切《いっさいがっさい》」などが類語になります。

答　細《さい》大《だい》

使い方　「今回のトラブルの経緯を、**細大漏らさず**報告書にまとめなさい」

39

多くの人の見立てや意見が同じであること。

□の一致《いっち》するところ

あることについて、多くの人の見方や評価が一致していることを表す言い方です。

空欄に入るのは「衆目」。「多くの人の見方、観察」を意味する「衆目」。「衆目が一致する」、すなわち**「人々の見方や評価が同じ」**ことになります。「衆目」の類義語には「多くの人の知恵」を表す「衆知」があります。

答 **衆目《しゅうもく》**

使い方　彼がチームリーダーにふさわしいことは、**衆目の一致するところ**だ。

40

大勢の人々の注意を引くこと。

□を集《あつ》める

世の中の注目を集め、大勢の人から関心を持たれることを意味する言い回しです。

空欄に入るのは「耳目」という言葉。注視されたり話題になったり、注目されると人々の「目」と「耳」を引きつけることに由来した表現です。主に「世間の耳目を集める」の形で使われます。

答 **耳目《じもく》**

使い方　大手企業の不祥事《ふしょうじ》が世間の**耳目を集めて**いる。

41
詳しい事情などを明らかにすること。

□を尽《つ》くす

事情や状態などについて詳しく、事細かに説明することを表す言い回しです。
空欄に入る「委曲」はあまり馴染《なじ》みのない言葉ですが「**詳しく、細かなこと。委細**」という意味があります。「ありったけを出し切る」を表す「尽くす」と合わせて、「事情を詳しく説明する」の意味になります。

答 委曲《いきょく》

使い方
複雑な案件だからこそ、**委曲を尽くして**説明すべきだ。

42
同席して一緒にご馳走《ちそう》になること。

□に与《あずか》る

メインゲストの同伴者として、同じもてなしを受けることを意味します。「上司が招かれた接待の席に同行して、部下の自分もご馳走になる」といった**〝役得〟的なニュアンス**を表す言い回し。
ここでの「与る」は「関与して、恩恵を受ける」のニュアンスで用いられます。

答 相伴《しょうばん》

使い方
「今夜は御**相伴に与り**、ありがとうございました」

43

分不相応な会合や集団に加えてもらうこと。

□を汚《けが》す

自分より目上や地位が高い人たちの会合に参加する際に、「**恥ずかしながらいちばん隅っこに座らせていただきます**」という気持ちを表す謙遜の表現。「最下位の人が座るいちばん後ろの席」を「末席」と言います。

「汚す」は「けがす＝穢す」。「身のほどを超えた地位につく」を意味しています。

答 末席《まっせき》

使い方　「若輩者ながら、向上委員会の**末席を汚させて**頂くことになりました」

44

論理を組み立てて議論を展開すること。

□を張《は》る

戦の時、軍勢が集まって拠点とする場所を「陣」と言い、戦略に基づいて軍勢を配置することを「陣を張る」と言います。

それが転じて、事前に理論を組み立て、**理論武装して議論に臨むこと**を「論陣を張る」と言い表します。「論戦を張る」は誤りで、その場合は「交《か》わす」になります。

答 論陣《ろんじん》

使い方　相手は弁護士を立てて**論陣を張って**きた。

45

わずかながらの反撃をすること。

□を報《むく》いる

圧倒的に優勢な敵の攻撃に対して〃一本の矢〃を射返すこと。「勝ち目はないけれど意地を見せて少しでも反撃する」というニュアンスです。最終的には負けるのですが、ただ負けるのではなく最後まで戦って負ける、そんな**〃敗者の心意気〃を讃《たた》える表現。**

類語に「一泡吹かせる」があります。

答 一矢《いっし》

使い方 最終回のホームランで**一矢を報いる**ことができた。

46

目先のことにこだわらず、ゆったりとしている様子。

□に構《かま》える

「鷹」が悠然と大空を飛揚する姿に由来して、細かいことにこだわらず、落ち着いていることを意味する「鷹揚」が入ります。似た読みの言葉に「大様《おおよう》」がありますが、元は「大雑把な」という意味でしたが、現在では「鷹揚」と同じ意味でも使われます。

「構える」はことに向き合う態度のこと。

答 鷹揚《おうよう》

使い方 「何か文句を言われても、**鷹揚に構えて**いればいいよ」

47

戦いに勝って喜ぶこと。

□を挙《あ》げる

勝負に勝って**喜びの声を挙げる**こと。また単に、勝負に勝つことを意味します。

空欄には、勝ち戦《いくさ》を祝う「喜びの歌」、一斉に挙げる「勝鬨《かちどき》」を意味する「凱歌」が入ります。「挙げる」は「上げる」「揚げる」とも。「凱」だけでも「勝鬨」の意味があり「凱旋する（勝って帰る）」などで使われます。

答 凱歌《がいか》

使い方 決勝戦に勝利して**凱歌を挙げる**。

48

他人に気に入られるような行動をすること。

□を買《か》う

誰かを喜ばせて、気に入ってもらえるように努めること。**「機嫌を取る」と同義。**

空欄に入る「歓心」は「喜び、うれしい気持ち」。「自ら積極的に相手の歓心を得ようとすること」を「歓心を買う」と表現します。「歓心」は、心を動かされる「感心」や、興味を持つ「関心」と間違いやすいので注意を。

答 歓心《かんしん》

使い方 プレゼント攻勢で彼女の**歓心を買おう**とする。

49
先んじて行動し、有利な立場を得ること。

□を制《せい》する

相手より**先に行動して主導権を握り、ものごとを有利に進める**という意味です。「制する」は「支配する」のことで、空欄に入るのは「勝負や競争が始まる直前」を意味する「機先」。そのタイミングを支配し、後の展開で優位に立つことを表します。「先手を打つ」などが類語です。

答 機先《きせん》

使い方 同業他社の**機先を制して**新技術を導入する。

50
思い切った処置をすること。

□を振《ふ》るう

ビジネスにおける大規模なリストラや大幅な予算削減など、**極めて大胆な改革を実施する**ようなケースで使われる言い回し。大きな鉈を振り下ろして、一気にバッサリと木を切る様子に由来しています。「大鉈を振る」は間違い。この言い回しでは接尾語がついた「振るう」を使います。

答 大鉈《おおなた》

使い方 経営をスリム化するために、聖域なしで**大鉈を振るう**。

51

人前でみっともない様子を見せること。

□を晒《さら》す

恥ずかしい態度、見苦しい姿、みっともなくて情けない様子を、周囲の人たちに見られてしまうことを意味する表現。そうした「恥ずべき姿や振る舞い」が「醜態」です。

また、「晒す」は「人目に触れるような状態にする」こと。「恥を晒す」「老醜を晒す」のようにも使われます。

答　醜態《しゅうたい》

使い方　打ち上げで飲み過ぎ、先輩たちの前で**醜態を晒して**しまった。

52

始めから終わりまでうまくまとめること。

□を整《ととの》える

最初から最後まで一貫性を持たせ、**全体をバランスよく整えるという意味**。「最初から最後まで」を「首と尾っぽ」にたとえて「首尾」という表現を用います。

また「首尾」には「事の成り行き」の意味があり、「首尾を説明する」、「首尾よく～する」のようにも使われます。

答　首尾《しゅび》

使い方　矛盾しないように、文章の**首尾を整える**。

53

隠していた本性《ほんしょう》が明らかになること。

□を露《あら》わす

見せていなかった〝裏の顔〟や、隠していた悪事など、悪いことが露見《ろけん》する場合に使われる表現。**「化けの皮が剥《は》がれる」こと。**

芝居で馬の脚を演じていた人が、うっかり人間の脚を露出してしまう様子から、「隠していたことが明らかになる」ことのたとえになりました。「現す」とも書きます。

答 **馬脚《ばきゃく》**

使い方 清貧を謳《うた》っていた政治家が、裏金疑惑で**馬脚を露わした**。

54

時代の移り変わりを実感する時の心情。

□の感《かん》がある

昔と比べて「時代（世の中）は変わった」「ずいぶん時が経った」と感慨に耽《ふけ》る心持ちを表す言い回しです。空欄には**「時代の隔たり」を意味する「隔世」**が入ります。

類語に、昔と今とが大きくさま変わりしたことを実感する「今昔《こんじゃく》の感」という表現があります。

答 **隔世《かくせい》**

使い方 「みんなスマホか。ポケベル世代には**隔世の感がある**な」。

55

主君に仕《つか》え、俸給《ほうきゅう》をもらって生活すること。

□を食《は》む

「食む」は、ここでは「食べる」ではなく、「俸給を受ける」ことを意味します。

空欄に入るのは「官に仕えて受け取る俸禄（現在の俸給、給与）」を表す「禄」。そこから「**会社勤めをして給料で生計を立てること**」の意味になりました。給料ドロボーを「禄を盗む」などと言うこともあります。

答　禄《ろく》

使い方　今のところはこの会社で**禄を食んで**いる。

56

素晴らしさに感心させられること。

□を禁《きん》じ得《え》ない

単に驚くのではなく、「素晴らしさや見事さに**『すごい！』と感心せずにいられない**」という、より強いニュアンスがあります。

「禁じ得ない」は、かしこまったスピーチや、あらたまった文章でよく使われる表現。「湧き上がる思いを抑えられない」「感情をこらえられない」という意味があります。

答　驚嘆《きょうたん》

使い方　あまりに迅速な対応に**驚嘆を禁じ得なかった**。

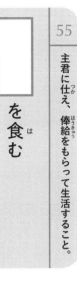

57

苦しく辛《つら》い経験をすること。

□を嘗《な》める

「杯《さかずき》の**苦い酒を飲むような苦しくて辛い経験**をする」ことの意味。「嘗める」は「経験する」の意味。

「苦杯」と似ているのが「苦渋《くじゅう》」。「苦杯」は「苦しい経験」で、「苦渋」は「苦しいという思い」のこと。「苦渋の決断」などに使われます。

類語に「辛酸を嘗める」などがあります。

答 **苦杯《くはい》**

使い方 去年の決勝では、格下に**苦杯を嘗めさせられた。**

58

自分の行為を恥じて深く反省すること。

□に堪《た》えない

重大な過ちに対する**深い謝罪や後悔の念を抑えることができない**さま。

空欄には、仏教用語に由来する「自分の行いを深く恥じること」を表す言葉、「慚愧」が入ります。「堪えない」は「感情を抑えられない」の意味。後悔や反省の念が深いことを「慚愧の至り」とも言います。

答 **慚愧《ざんき》**

使い方 自分の不注意でこんな事態を引き起こしたことは**慚愧に堪えない。**

59

本当の気持ちを打ち明けること。

□を吐露《とろ》する

「吐露する」は、吐き出して露《あら》わにする、つまり「包み隠さずに話す」の意味です。表題の場合、吐露するのは**「嘘偽りのない本心」**なので、空欄は「真情」が正解。「心の中に秘めて隠していた気持ち」を打ち明ける時は「心情を吐露する」という表現を用います。

答 真情《しんじょう》

使い方 周囲の説得に折れて、彼女は涙ながらに**真情を吐露し**始めた。

60

努力や苦労が無駄になること。

□に帰《き》す

積み上げてきたものが台無しになる、これまでの成果が水の泡のように弾《はじ》けて消えてしまうさまを表現します。「帰す」は「最後に行き着く」の意味。「努力が水の泡になる」という言い回しもこの慣用表現に由来します。類語は「棒に振る」。とくに〝**自分で台無しにする**〟というケースで使われます。

答 水泡《すいほう》

使い方 試合直前にケガをしてしまい、これまでの努力が**水泡に帰した**。

61

ほかの人には代わりが務まらないこと。

□をもって代《か》え難《がた》い

「その人でなければできない」という言い回しです。「代え難い」は、「**代えがきかない**」「**代わりがいない**」こと。「ほかの人」を表す言葉として「余人」を用います。

「余人」は字面通り「残った人、余りの人」でもありますが、ここでは「当事者以外の人」の意味で使います。

答　余人《よじん》

使い方　彼の経営センスは、**余人をもって代え難い**と評価が高い。

62

大きな恥をかかされること。

□に塗《まみ》れる

地位や名誉、プライドや体面を傷つけられた屈辱や恥辱を「汚辱」と言います。**汚辱を一身に抱え、がんじがらめになっている様子**を表しているのが表題の言い回し。

「塗れる」は「山ほどの問題を抱えて困る」の意味で「借金に塗れる」などと使い、類語に「屈辱に塗れる」「恥辱に塗れる」があります。

答　汚辱《おじょく》

使い方　汚職によって彼の名誉は**汚辱に塗れた**。

63

商売が盛んに行われていて賑《にぎ》やかな様子。

□を呈《てい》する

主に商売や株取引などの経済活動全般に使われる表現。空欄に入るのは「景気がよくビジネスに活気がある状態」「**客が詰めかけて大繁盛している様子**」などを指す「活況」です。

「呈する」は、そうした活気のある状態を「表す、示す」ことを意味する表現です。「活況に沸く」とも言います。

答 活況《かっきょう》

使い方　正月のデパートは初売りで**活況を呈して**いる。

64

隙《すき》間《ま》や空き時間にものごとを行うこと。

□を縫《ぬ》う

隙間を捉えて何かを行うこと。空欄には隙間という熟語の漢字をひっくり返した「間隙」が入ります。「隙間」には、物理的な空間だけでなく、スケジュールの合間のような**時間的な隙間の意味もあります**。「縫う」は縫物をするようにジグザグに曲がりながら進むニュアンスです。

答 間隙《かんげき》

使い方　犯人が行き交う車の**間隙を縫う**ように逃走する。

65

徳のある人の影響で人格が磨かれること。

□を受《う》ける

「自分はその人の教えで成長できた」という感謝・称賛の念が込められています。「よい香り」の「薫」、「陶器」の「陶」で「薫陶」。陶器をつくる際、原料となる土にお香の香りを染み込ませて味わいを持たせたことから、「**人に対して、徳によって品格や人間性を育むこと**」の意味を表します。

答　薫陶《くんとう》

使い方　プロ野球界では、ノムさんの**薫陶を受けた**教え子は多い。

66

はっきりと決着をつけること。

□を決《けっ》する

競争の世界でよく耳にする言葉。「ライバル同士が**競い合って勝ち負けをはっきり決める**」ことです。「白黒《しろくろ》をつける」とも。空欄の「雌雄」は「メスとオス」。動物のオスはメスより強いとされ、「強い者と弱い者、勝負や優劣」を雄と雌に置き換えて「はっきり決める」という意味になりました。

答　雌雄《しゆう》

使い方　全勝力士同士の直接対決、まさに**雌雄を決する**一番だ。

67

財産をすべて使ってなくしてしまうこと。

□を潰《つぶ》す

財産をすべて失うことを表します。空欄に入るのは「身上」。ここでは「人の生い立ち」ではなく**「財産、資産」のこと**です。同じ意味で「身代《しんだい》」を用いることもあり、「娘三人持てば身代潰す（娘が三人もいると嫁入り費用がかさんで財産がなくなってしまう）」ということわざもあります。

答　身上《しんしょう》

使い方　代々の資産家が跡継ぎ息子の放浪癖《ぐせ》で**身上を潰して**しまった。

68

とても貧しいこと。

□を洗《あら》う

赤の他人、真っ赤なウソ、赤っ恥。「赤」には「明らかな」「疑いようのない」という意味があり、空欄に入る「赤貧」は「誰が見ても**疑いようのない貧しさ**」になります。「赤貧洗うが如し」から派生した表現で、すべてが洗い流されたかのように、家財道具も何もないほど貧しいことを意味します。

答　赤貧《せきひん》

使い方　解雇され、**赤貧を洗う**ような生活に陥《おちい》った。

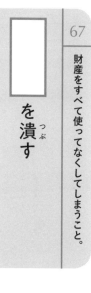

69

人が喜びそうなうまい話をすること。

□を弄《ろう》する

「気をつけよう、甘い言葉と暗い道」のように、**口先だけの甘い言葉、うまい話、聞こえのいい話**のことを「甘言」と言います。

〝美味しい話〟を餌にして人をだますことを、甘言を「弄する（巧みに扱う）」と表現します。逆に、うまい話に引っ掛かることは「甘言に乗せられる」になります。

使い方　**甘言を弄して**彼を組織に引き込んだ。

答　甘言《かんげん》

70

酒と女性以外への興味を失ってしまうこと。

□に溺《おぼ》れる

すべきことをせず、昼《ひる》日《ひ》中《なか》から酒を飲み、女遊びに没頭するさまを表す言葉。「酒と女（色事）」のことを「酒色」と言います。「溺れる」は、「水中に落ちて抜け出せなくなること」から転じて、**「理性を失うほど、ものごとに心を奪われてしまう」**の意味。また「酒色に耽《ふけ》る」も同じ意味です。

使い方　妻子が家を出ていった直後から、彼は**酒色に溺れて**いった。

答　酒色《しゅしょく》

71

ものごとに食い違いが生じること。

□を来《きた》す

お互いの意見や解釈の違いで話がかみ合わないことを意味する表現。「上下の歯が合わない」が転じて「**本来一致するべきものがズレる**」という意味になりました。

両者の意見が違うだけなら「相違」。そうではなく、論点がズレていて話が食い違うという状況を指す場合は「齟齬」になります。

答 **齟《そ》齬《ご》**

使い方 曖《あい》昧《まい》な指示では、現場との認識に**齟齬を来す**恐れがある。

72

適当に放っておくこと。

□に付《ふ》す

重要視せずに放っておく、適当に扱う、**なおざりにするという意味**です。空欄は「なおざり」に漢字をあてた言葉「等閑」。「等閑視する」とも言います。

「付す」は「不問に付す（咎《とが》めないでおく）」などのように、「～として扱う」の意味。類語に「ないがしろにする」などがあります。

答 **等《とう》閑《かん》**

使い方 些《さ》細《さい》なクレームだからと言って**等閑に付す**わけにはいかない。

73

大きな変化が起こりそうな、不穏な気配がすること。

□を告《つ》げる

情勢が不穏で重大な事態が起こりそうな様子を、**「風の状態や雲の動きで感じる嵐の気配」**にたとえた表現です。

風や雲は、よく「世の中の流れや情勢」の意味で用いられます。「急を告げる」は「切迫した様子を知らせる」というニュアンス。ほぼこの表現でしか使われません。

答 風雲急《ふううんきゅう》

使い方 中東情勢は**風雲急を告げ**、経済の先行きは不透明となった。

74

辛《かろ》うじて存続していること。

□を保《たも》つ

「つながり」や「連なり」を意味する漢字の一つが「脈」。山脈に人脈、そして「命のつながり」は「命脈」と表現されます。

苦しい状況の中、何とか命のつながりを保って生きながらえている。転じて、「ものごとが**辛うじて途絶えずに長く続いている**」という意味。「〜をつなぐ」とも言います。

答 命脈《めいみゃく》

使い方 不況で厳しいが、会社は何とか**命脈を保って**いる。

75

嘘を本当だと思わせるように働き掛けること。

□を弄《ろう》する

「事実と違うと分かっていながら屁理屈をつけて、あたかも正しいかのように主張する」「**言葉巧みに正当化する**」といった行為を指します。「弄する」には「巧みに扱う」という意味があります。空欄に入るのは「もっともらしい嘘」を意味する「詭弁」。「言いくるめる」などが類語になります。

答 **詭弁《きべん》**

使い方 **詭弁を弄する**だけでは納得できない。

76

いい気分で歓声を挙げること。

□を叫《さけ》ぶ

嬉しいことや愉快なこと、痛快さに胸がすくようなことがあると、人は思わず「**ヨッシャー！**」と声を挙げたくなるもの。そんな晴れやかな心持ちになって声高々に叫び声を挙げる、そんなイメージを言い表すフレーズです。ちなみに対義語は、嘆きのため息をつく「嘆息を漏らす」です。

答 **快哉《かいさい》**

使い方 土壇場で契約が成立し、全員が**快哉を叫んだ**。

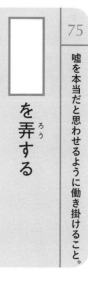

77
恥ずかしさが表情に表れている様子。

□の色《いろ》を浮《う》かべる

空欄に入るのは「恥ずかしい気持ち、恥じらい、はにかみ」を意味する「含羞」という言葉。「羞」は「羞恥心」にも使われており、「恥じる」の意味を持ちます。
恥ずかしいと、思わず頬（顔）が赤くなることから、よく「頬に含羞の色を浮かべる」といった形で表現されます。

答　含羞《がんしゅう》

使い方　**含羞の色を浮かべて**立ちすくんだ。

78
燃え尽きて何もなくなってしまうこと。

□に帰《き》す

火災などで跡形もなく焼き尽くされ、何も残っていない状態のこと。そこから転じて「**成果や努力、労力が台無しになる**」という意味にも使われます。
空欄に入る「灰燼」は、ものが燃えた後に残る「灰」と「燃えカス」のこと。類語は「烏有《うゆう》に帰す」「水泡に帰す」などです。

答　灰燼《かいじん》

使い方　昨夜の火事で在庫商品の大半が**灰燼に帰した**。

79

まったく意に介さず、相手にしないこと。

□にも掛《か》けない

無視して取り合わず相手にしない、論じるに値しないという意味。口に出して議論することを、**「歯や牙でかみつく行為」**にたとえています。「歯に衣着《きぬき》せぬ（飾らない言葉でズケズケ言う）」のように、「歯」や「牙」は、時に「言葉や口」のたとえで使われます。類語は「眼中にない」などです。

答　歯牙《しが》

使い方　ネット上のバッシングなど**歯牙にも掛けない**メンタルの強さ。

80

能力が世に認められないことを嘆くこと。

□を託《かこ》つ

「オレはこんな部署で燻《くすぶ》っているような人間じゃない」「上は人を見る目がない」――。才能に見合った境遇を与えられないことを嘆く。**能力はあるのに、巡り合わせが悪いことを愚痴る。**こうした振る舞いを表す言葉です。「託つ」には「不平や不満を言う」の意味があります。

答　不遇《ふぐう》

使い方　社内の主流派から外れた彼は、閑職で**不遇を託っ**ている。

81 競争で追い越される立場になること。

□を拝《はい》する

先にいく人が立てたほこりを浴びる（拝する）、転じて「人に先を越される」「後れを取る」の意味に。空欄に入る「後塵」とは、馬車が通った後に舞う土ぼこりのこと。**競争でライバルに追い越される**という場合に使われます。またこの表現には、「偉い人に媚《こ》びへつらう」という意味もあります。

答　後塵《こうじん》

使い方　営業成績ではいつも、私は彼の**後塵を拝して**いる。

82 思いがけず運命的な出会いをすること。

□を果《は》たす

長い期間会えずにいた相手と**思いがけなく出会う**こと。加えて「出会うべくして出会う運命的な巡り合いをする」という意味も。そんな出会いを意味するのが「邂逅」。いい出会いにも悪い出会いにも使われます。出会いの対象は人だけではなく、本や映画、思想や学問なども含まれます。

答　邂逅《かいこう》

使い方　この小説と**邂逅を果たして**人生観が変わった。

83

何もせず、怠けてばかりいること。

□を貪《むさぼ》る

休みの日、いつまでもウダウダと寝ていて気がついたら一日が終わっていた、という状況のたとえ。「貪る」は「欲しがる」「際限なく続ける」こと。つまり「**何もせずにいつまでも、ただ寝ている**」ことを意味します。転じて「ダラダラと怠けてばかりいる」という態度そのものも表します。

答　惰眠《だみん》

使い方　正月くらい**惰眠を貪ったって**文句を言われないだろう。

84

ほかの人と比べて劣っていないこと。

□に落《お》ちない

他人と比較する時に使う言葉。「他者の後ろ（下位）に落ちない」ことから、「ほかの人と比べて負けていない、引けを取らない、互角以上で見劣りしない」という意味になります。長所や優れている部分が、**他人と同等もしくは相手以上のレベルにある場合**によく使われます。

答　人後《じんご》

使い方　彼の仕事に対する情熱は**人後に落ちない**。

85 ただ、いたずらに年を重ねること。

□を重《かさ》ねる

年配者が年齢の積み重ねを謙遜する表現。空欄に入るのは「馬齢」。馬齢は馬の年齢だけでなく、「自分が無駄に重ねてきた年齢」という、へりくだった表現でも使われます。**謙遜の表現なので、他人に対しては使いません。**「部長も馬齢を重ねてきましたね」などと言うのは非常に失礼にあたります。

答 **馬齢《ばれい》**

使い方 「いやいや、**馬齢を重ねて**きただけですよ」

86 自分の能力を信じて抱く誇りのこと。

□を示《しめ》す

「自負や誇り」を表す「矜持」が入ります。古代の中国の兵士は矛《ほこ》（槍のような武器）を持つことが誇りで、そこから、「矜を持つ＝誇りを持つ」になりました。「矜持」には**「心の中で静かに持ち続ける誇り」**というニュアンスがあります。「矜持が許さない」「矜持を守る」といった表現でも使われます。

答 **矜持《きょうじ》**

使い方 何とか先輩としての**矜持は示せた**と思う。

87

競争に負けて相手に降参すること。

□に降《くだ》る

戦に負けて投降する際、敵の陣営の入り口（軍門）から入ったことから、勝負や競争で**敗北を認め、相手に降参する**ことを「軍門に降る」と表現するようになりました。

投降に由来するため、正しい表記は「下る」ではなく「降る」です。戦に由来する類語は「兜を脱ぐ」「白旗をあげる」など。

答 軍門《ぐんもん》

使い方 業績次第では他社の**軍門に降る**可能性もある。

88

思いがけない偶然の幸運に恵まれること。

□を得《え》る

空欄に入るのは「思いもよらない幸運」を表すやや難解な「僥倖」。偶発的な幸運に恵まれることを意味する表現で、「**棚からぼたもち**」的なニュアンスがあります。

「僥倖を待つ」「僥倖を頼る」になると、思いがけない偶然の幸運を頼りにして待ち望むしかない状況や姿勢の意味になります。

答 僥倖《ぎょうこう》

使い方 思わぬ**僥倖を得た**ことで、絶体絶命のピンチを脱した。

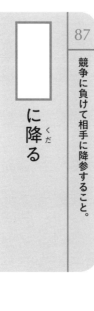

89

ゆったりと落ち着いて動じない様子。

□迫《せま》らず

差し迫った状況でも慌《あわ》てず、焦らず。事態の急変にも〝悠然として鷹揚《おうよう》な〟態度でどっしり構えている。そんな**大人の余裕と落ち着きを感じさせる様子**を表す言葉です。

ここでの「迫らず」は「ゆとりがある」という意味。「泰然《たいぜん》自《じ》若《じゃく》」「冷静沈着」などが、近い意味の言葉になります。

使い方 彼は面倒な苦情にも**悠揚迫らず**に対応している。

答 **悠揚《ゆうよう》**

90

腹が立ってどうしようもないこと。

□やる方《かた》ない

「やる方ない」は**「心中のわだかまりを晴らす手段がない」**の意味。ただの「手段がない」とは微妙にニュアンスが違います。

では、「腹立ち」はどう表現するか。ここでは「やる方ない」の意味に通じる「心に怒りが渦巻いて、何をしても消えないさま」を表す「憤懣」を使うのが正解です。

使い方 彼は**憤懣やる方ない**という表情をしている。

答 **憤懣《ふんまん》**

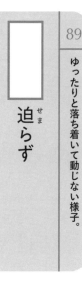

91

目上の人が嫌がることを言って機嫌を損《そこ》ねること。

□に触《ふ》れる

目上の人や地位が上の人に対して、その人が言われたくないことや**触れられたくないタブーを口にして、機嫌を損ねてしまうこと。**

空欄には、「忌《い》み嫌って避けること」を意味する「忌諱」が入ります。読み方は「きき」「きい」どちらでも正解。類語に「逆鱗に触れる」「不興《ふきょう》を買う」など。

答 **忌諱《きき》**

使い方　無礼講を真《ま》に受けて会社批判をしたら、社長の**忌諱に触れて**しまった。

92

一人だけで自分の立場や考えを守ること。

□を守《まも》る

助けてくれる味方がいなくても主張を変えず、一人（またはわずかな人数）でものごとを進める。**孤立無援状態に耐えながら奮闘努力する。**そんな状況を表す言葉です。

空欄に入るのは「ただ一つ孤立した砦《とりで》」を意味する「孤塁」。この「塁」は野球のベースではなく、土で築いた小城を指します。

答 **孤塁《こるい》**

使い方　部内では彼だけが反対の立場で**孤塁を守って**いる。

93

議論の対象、テーマとして取り上げること。

□に載《の》せる

会議やミーティングなどで議題を提供すること。主にオフィシャルな議論の場で使われ、議論を料理に、会議の場を「まな板（＝俎）」に、議題を食材に見立てた言い回しです。**みんなで自由に様々な角度から話し合う**というニュアンスで、ポジティブ、ネガティブどちらの議題にも使われます。

答　**俎上《そじょう》**

使い方　労使交渉で、働き方改革の問題を**俎上に載せる**予定だ。

94

発言や振る舞いで人に嫌がられること。

□を買《か》う

常識外れの言動や良識のない振る舞いによって周囲を不快にし、軽蔑《けいべつ》されること。「人が**嫌悪感に顔をしかめ、眉《まゆ》をひそめるようなことを仕出かす**」という意味です。

ここでの「買う」は「購入する」ではなく、「反感を買う」のように「悪い状況を招く」ことを表しています。

答　**顰蹙《ひんしゅく》**

使い方　不祥事《ふしょうじ》の際に責任逃れとも取れる発言をして、世間の**顰蹙を買った**。

95

退屈でどうしようもないこと。

□を託《かこ》つ

何もすることがなくて暇を持て余す様子を表しています。「託つ」は「嘆く、愚痴る」「不平や不満を言う」という意味です。

「楽しみや安らぎのこと」を表す漢字に「聊」があります。そこに「無」を組み合わせることで、「**心楽しいことが何もない＝退屈**」を表現する言葉になります。

答 無聊《ぶりょう》

使い方 仕事がなくて**無聊を託つ**ばかりの毎日だ。

96

心の底まで打ち明けられるほど親しくつき合うこと。

□相照《あいて》らす

とても親しい間柄を表す言い回し。空欄には人体の二つの臓器「肝臓と胆嚢《たんのう》」を表す言葉、「肝胆」が入ります。これらはとくに生命維持に重要なことから、「心の奥深いところ」「まごころ」の意味になりました。

また、お互いが心の奥底を明かし合えるという関係を「相照らす」と表現しています。

答 肝胆《かんたん》

使い方 彼とは幼馴染《なじ》みで**肝胆相照らす**仲だ。

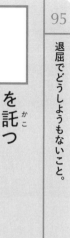

97 □を駆《か》る

何かをやり遂げた勢いに乗って別のことをしようとすること。

「駆る」には、「勢いに乗じて行動を起こす」という意味があります。サッカーで言えば、ゴールが決まってチームがノッているうちに追加点を取りにいくような状況。何かを達成した勢いを追い風にして一気に挑む。〃**あり余った勢い**〃**を次に活かす**というニュアンスです。

答 余勢《よせい》

使い方 新製品の開発成功の**余勢を駆って**販路を広げる。

98 □に塗《まみ》れる

再起できないほど打ち負かされること。

完膚《かんぷ》なきまでに敗れること。『史記・高祖本紀』の一節「今将《しょう》を置くこと善《よ》からずんば、一敗、地に塗れん」が語源です。「地に塗れる」は「戦死した兵士の内臓が散らばって泥塗れになっている」という、悲惨な状況を指す表現。それほど**手酷《てひど》く敗れること**を意味しています。

答 一敗地《いっぱいち》

使い方 力の差は歴然で、**一敗地に塗れる**のも仕方がない。

99

尊敬する人物に直接会って話を聞くこと。

□に接《せっ》する

心から尊敬していて、その人のすぐそばで話を聞けるだけでも幸せな気持ちになる。そんな敬愛の心情を表します。

空欄に入るのは「咳払い」を意味する「謦咳」という言葉。「直接お目にかかり、**咳払いが聞こえるほど間近に接することができる嬉しさ**」を表す言い回しです。

答 謦咳《けいがい》

使い方 恩師の**謦咳に接した**ことで人生観が変わった。

100

技法や奥義《おうぎ》を受け継ぐこと。

□を継《つ》ぐ

師が、教えを授けた証《あかし》として弟子に法具を与えたことから、**先人が残した業績や技術などを継承する**という意味で使われます。

由来は仏教用語。空欄に入るのは、僧侶が使う「袈裟《けさ》（法衣）」と「（托鉢《たくはつ》に用いる）鉢《はち》」を意味する「衣鉢」。「えはち」とも読みます。「遺髪」ではないので注意。

答 衣鉢《いはつ》

使い方 先代からの**衣鉢を継いで**伝統の手法を守る。

ビジネスで使える
「お礼」メール・書面フレーズ

- 仲介の**労《ろう》を執《と》って**くださり、感謝申し上げます。

▷**労を執る…** 他人のために骨を折ること。

- ◯◯様のお力添えにより**成功裏《せいこうり》に終《お》える**ことができました。

▷**成功裏に終える…** 成功と言える範囲内に終わること。

- 今日のランチは、**お言葉《ことば》に甘《あま》えて**ご馳走になります。

▷**言葉に甘える…** 相手の好意を受け入れること。

- これほどご配慮頂きまして、**恐悦至極《きょうえつしごく》に存《ぞん》じます**。

▷**恐悦至極に存じる…** この上なく喜ぶこと。

- 過分な**お褒《ほ》めに与《あずか》りまして**、大変光栄です。

▷**お褒めに与る…** 目上の人から褒めてもらうこと。

- 寛大なご対応、**恐縮極《きょうしゅくきわ》まります**。

▷**恐縮極まる…** 相手に迷惑を掛けて申し訳なく、畏れ入ること。

ビジネスで使える「謝罪」メール・書面フレーズ

- 営業部の売上げが伸びず、**思案《しあん》に暮《く》れて**おります。

▷**思案に暮れる…** 気に病んで思い悩むこと。

類語｜気に病む　頭を悩ます　心を痛める

- 二度と同じ過ちを繰り返さぬよう、**肝《きも》に銘《めい》じます**。

▷**肝に銘じる…** 決して忘れぬように心に刻むこと。

- 社員の面前で酔いつぶれてしまったことは、**赤面《せきめん》の至《いた》り**です。

▷**赤面の至り…** ひどく恥じ入ること。

- **ご気分《きぶん》を害《がい》してしまい**、心よりお詫《わ》び申し上げます。

▷**気分を害する…** 嫌なことをされて不愉快な気分になること。

- **ご面倒《めんどう》をお掛《か》けして**心苦しいのですが、ご助力頂きたく存じます。

▷**面倒を掛ける…** 相手に迷惑を掛けてわずらわせること。

- 諸般の**事情《じじょう》に鑑《かんが》みて**、中止せざるを得なくなりました。

▷**事情に鑑みる…** 色々な事情を考慮すること。

ビジネスで使える「依頼」メール・書面フレーズ

- **お手《て》を煩《わずら》わせて**恐縮ですが、ご確認頂けますようお願い致します。

▷**手を煩わせる…** 人にやっかいを掛けること。

- **お知恵《ちえ》をお借《か》り**できませんか。

▷**知恵を借りる…** 問題を乗り越えるための助言をもらうこと。

- **お時間《じかん》が許《ゆる》せば**、ご相談に乗って頂けないでしょうか。

▷**時間が許す…** 時間的に可能であれば。

- **万障《ばんしょう》お繰《く》り合《あ》わせ**の上、ご臨席を賜りますようお願い致します。

▷**万障繰り合わせる…** 様々な支障をうまくやりくりして都合をつけること。

- **欲《よく》を言《い》えば**、企画書に予算の添付をして頂きたいのですがいかがでしょうか。

▷**欲を言う…** 今のままでも不足してはいないが、更に望むならば。

- 先輩の**袖《そで》に縋《すが》らせて**頂いて、窮地を脱したいと考えております。

▷**袖に縋る…** 同情心に訴えて助けを求めること。

4

一目置かれる人の

四字熟語
故事成語

慣用句と並んで「日本語の語彙《ごい》」を支えているのが四字熟語と故事成語。ここでは社会人として知っておきたい表現を100語、厳選しました。漢字文化ならではの奥深い表現を身につけてください。

1

人やものごとを長い間待ち焦《こ》がれること。

一日《いちじつ》□

中国最古の詩集『詩経』にある詩の中の、「一日三秋」が元となっています。「**思いを寄せる相手に会えない時間はたった一日でも三年が経ったかのようにとても長く感じる**」ということを表した言葉です。

「一日千秋の思いで待っていました」と言うと、大切な思いが伝わるでしょう。

答 千秋《せんしゅう》

使い方 憧れの人からの返事を、**一日千秋**の思いで待っている。

2

当事者同士が争う間に、第三者が利益を得ること。

□の利《り》

「鴫《しぎ》が蛤《はまぐり》の肉をついばもうとしたところ、蛤は固く殻を閉じて、鴫のくちばしを挟んだ。**互いに争っているうちに、漁師が鴫と蛤の両方を捕まえた**」という故事に由来した言葉で、当事者同士が争っている間に、第三者が何の苦労もなく利益を手にすることを表します。

答 漁夫《ぎょふ》

使い方 A社とB社が争っている間に、C社が圧倒的な安さで市場を独占した。まさに**漁夫の利**だ。

3

目先の違いにとらわれ、同じであると気づかないこと。

朝三《ちょうさん》□

中国の宋の時代、猿回しが飼っている猿に与えるトチの実を節約しようと「朝に三つ、暮れに四つやる」と言うと猿が怒ったので、「**朝に四つ、暮れに三つやる**」と言うと猿は喜んだ、という寓話《ぐうわ》が由来。

このように、目先の違いにとらわれることの愚《おろ》かさについて表す言葉です。

答　暮四《ぼし》

使い方　安売りの店に行って、余分なものまで買ってしまった。これでは**朝三暮四**だ。

4

巧みに人を騙《だま》し、操ること。

手練《てれん》□

「手練」も「手管」も、「他人を騙したり、操ったりすること」を意味する言葉。**元々は遊女が客を引きつけるために使うテクニック**のことを言いました。

「手練」は「しゅれん」と読むと、「熟練した手際」という、褒《ほ》め言葉になります。読み間違わないようにしましょう。

答　手管《てくだ》

使い方　その集団は**手練手管**の限りを尽くして、彼の全財産を奪い取った。

5

疑い始めると、何でもないことまで疑わしく思ってしまうこと。

□を生《しょう》ず

「疑いの心があると、**いるはずのない鬼が暗闇にいると思い込んでしまう**」という言葉で、「疑い始めると、ちょっとしたことまで怪しいと感じてしまう様子」を表します。「盃中《はいちゅう》の蛇影《だえい》」（疑いを持つと、何でもないことにも神経を悩ませてしまうことのたとえ）という類義語もあります。

答　**疑《ぎ》心《しん》暗《あん》鬼《き》**

使い方　音信不通だった相手から、急に儲け話を持ち掛けられ、**疑心暗鬼を生じ**ている。

6

止まらないほど激しい勢いのこと。

□の勢《いきお》い

竹は最初の一節を割ると、後は一気に割れることから、猛烈な勢いを表します。晋《しん》が呉《ご》を攻撃するための作戦会議を開いたと時のこと。ある将軍が攻撃を延期することを提案しましたが、司令官が「**今我が軍の勢いはまさに竹を割るようなものだ**」と反論したというエピソードに由来します。

答　**破《は》竹《ちく》**

使い方　チームは**破竹の勢い**で勝ち進み、ついに決勝戦を迎えた。

7

夫の活躍を妻が陰ながら支えること。

□の功《こう》

陰ながら援助する身内の功績のことで、**とくに夫の活躍を妻が支えることを表します。**内助の功で有名なのが、山内一豊《かずとよ》の妻・千代。千代は嫁入りの時に渡された十両を、夫が馬を買うために渡しました。そして、その馬に乗る一豊が信長の目に留《と》まり、出世するきっかけになったと言われています。

答 内助《ないじょ》

使い方 父が出世できたのは、母の**内助の功**によるところが大きい。

8

極めて短い時間のこと。

一朝《いっちょう》□

朝や晩という、わずかなひとときのことをたとえた言葉で、「一朝一夕では身につかない」「一朝一夕には達成できない」というように、多くは打ち消しの言葉と共に使われます。**ものごとの結果が出るには長い時間がかかるということを示す際に効果的**な表現です。

答 一夕《いっせき》

使い方 交渉術は**一朝一夕**で身につくものではない。

9

危機が迫り、今にも消滅しそうな様子。

□の灯《ともしび》

「風の吹きあたる所に置かれた灯」という状況で、危険が迫り、今にも滅びそうな様子をたとえています。「灯火《ともしび》」とも書く。『平家物語』の冒頭「たけき者も遂には滅びぬ、偏《ひとえ》に風の前の塵《ちり》に同じ」では、同じような意味の「風の前の塵」という言葉が使われ、**ものごとの儚《はかな》さを表現**しています。

答 風前《ふうぜん》

使い方 以前は大人気だったあの商品はユーザー離れが続き、もはや**風前の灯**だ。

10

長い間結果を出せずに過ごすこと。

□飛《と》ばず鳴《な》かず

三年間何もしない王が臣下に諫《いさ》められましたが、実は王はダメな人物を演じながら、活躍の機会を窺《うかが》い、その後、素晴らしい政治を行いました。このように、本来はポジティブな意味でしたが、現在では「**結果を出すことなく過ごす不遇な状態**」を指すようになりました。「鳴かず飛ばず」とも。

答 三年《さんねん》

使い方 彼は**三年飛ばず鳴かず**で、ついに引退を決意した。

11

一度してしまったことは取り返しがつかないということ。

覆水《ふくすい》□に返《かえ》らず

太公望（呂尚《りょしょう》）が若い頃、妻に愛想《あいそ》を尽かされ離縁するも、呂尚の出世を知った妻は、復縁を申し出ます。すると呂尚は盆から水をこぼし、「**この水を盆に戻したら求めに応じる**」と言った、という故事に由来する表現です。「一度したことは、取り返しがつかない」という意味を表します。

答 盆《ぼん》

使い方 今さら先日の無礼を謝罪しても、**覆水盆に返らず**だ。

12

大切な部分が抜けている様子。

画竜《がりょう》□を欠《か》く

中国のある画家が「瞳《ひとみ》（睛）を描くと竜が天に昇った」と言い、できあがった竜の絵の瞳だけは描きませんでした。その故事から「画竜点睛」は「ものごとを完成させる重要な部分」を指し、「画竜点睛を欠く」で、**肝心な部分が抜けていること**を表します。「晴」ではなく「睛」、「竜」の読み方にも注意。

答 点睛《てんせい》

使い方 この資料は重要なので、**画竜点睛を欠く**ことのないよう、しっかり確認しよう。

13 もってのほかだということ。

言語《ごんご》□

「もってのほか」や「言葉では説明できないほどひどい」という意味で使われます。

この四字熟語のルーツは仏教にあります。「仏教の深遠な真理は、言葉で説明できるものではない、**言葉で表現する道が断たれた世界である**」ということを表し、古くは称賛の意味で使われました。

使い方 「そんなやり方は**言語道断**だ。初めからやり直してくれ」

答 道断《どうだん》

14 数は多いが雑多でくだらないもの。

有象《うぞう》□

仏教には「有相無相《うそうむそう》」という言葉があります。これは「姿形あるもの、ないものすべて」を指すものです。この言葉から転じて、「有象無象」は数だけは多いが雑多な、**役に立たない人の集団を卑《いや》しめて言う言葉**になりました。「烏合《うごう》の衆」も似たような意味で使われます。

使い方 匿名《とくめい》で誹謗《ひぼう》中傷する**有象無象**に、毅然《きぜん》とした態度をとる。

答 無象《むぞう》

15

人のことを気に掛けず自分勝手に振る舞うこと。

傍若《ぼうじゃく》□

「傍《かたわ》らに人無きが若《ごと》し」。つまり、**他人のことなどまるで気に掛けず、自分勝手に振る舞う様子**を表します。

出典は、中国の歴史書『史記』の「刺客《しかく》列伝」で、刺客の一人・荊軻《けいか》が仲間と酒を飲み、市中を歌い歩き、そのうちに泣き出すという様子を表したものです。

答 無人《ぶじん》

使い方 彼の**傍若無人**な態度に、その場にいた人すべてが腹を立てていた。

16

目上の人を激しく怒らせること。

□に触《ふ》れる

語源は中国の古典『韓非子《かんぴし》』。「竜は元来はおとなしいが、喉元《のどもと》に一枚だけ逆《さか》さまに生えている鱗《うろこ》を触られると激怒して相手を殺してしまう」という表記に由来しています。**「竜」は「位の高い人」**、**「逆さの鱗＝逆鱗」は「触れてはいけないもの」**のたとえで、「目上の人を怒らせる」という意味で使われます。

答 逆鱗《げきりん》

使い方 何気ない一言が社長の**逆鱗に触れて**しまった。

17

よいものと悪いものとが入り混じっていること。

玉石《ぎょくせき》□

「玉」は「宝石」のこと。「石」は「ただの石ころ」です。つまり、「**素晴らしいものと、取るに足らないものとが入り混じった状態**」を表します。中国の晋の時代、葛洪《かっこう》という道士がこの「玉石混淆」という言葉を使い、世間の人々の見る目のなさを嘆きました。

「玉石混合」と間違えないよう注意。

使い方 ネット上の情報は**玉石混淆**だから、鵜呑みにしてはいけない。

答 混淆《こんこう》

18

時は止まることなく流れていくものだということ。

□は百代《ひゃくだい》の過客《かかく》なり

「夫《そ》れ天地は万物の逆旅《げきりょ》にして、光陰は百代の過客なり」（天地は万物が出入りする宿屋であり、**月日は永遠の旅人である**）は李白《りはく》の詩の一部で、「時間は常に流れていくものだ」ということを表しています。

『奥の細道』の冒頭、「月日は百代《はくたい》の過客《かかく》にして」も、この詩に影響を受けたものです。

使い方 **光陰は百代の過客なり**。今こうして過ごす時間を大切に生きたいものだ。

答 光陰《こういん》

19

小さな努力が実を結び、大きな成功を手に入れること。

雨垂《あまだ》れ□を穿《うが》つ

雨のわずか一滴のしずくも、同じ場所に落ち続ければいつか石に穴を開けるという意味で、「**小さな努力が実を結び、大きな成功を手に入れること**」を表します。類義語に、「鉄杵《てっしょ》を磨く」という言葉もあります。これは、「鉄でできた杵《きね》も磨き続ければ針にすることができる」というたとえです。

答 石《いし》

使い方 彼は働きながら勉強を続け、ついに国家資格に合格した。まさに**雨垂れ石を穿つ**だ。

20

上層部の考えを下の者に伝えること。

上意《じょうい》□

江戸時代の歴史家、頼山陽《らいさんよう》の『日本政記』にある言葉で、「**組織の上層部の考えや命令を下の者に伝えること**」です。反対に、「下の立場の人たちの気持ちや意見が上層部まで届くこと」を「下意上達《かいじょうたつ》」と言います。「じょういげたつ」と読み間違いやすいので注意しましょう。

答 下達《かたつ》

使い方 あの会社は**上意下達**が徹底されている。

21

極めてばかばかしいこと。

笑止《しょうし》□

「笑止」は滑稽《こっけい》でばかばかしいこと。「千万」は「至極《しごく》」と同様、接尾語として「はなはだしい」という意味を添える言葉です。

「笑止千万」を「非常に面白いこと」の意味で「課長のジョーク、笑止千万ですね」などと**誤用すると大変失礼になる**ため、使い方に気をつけましょう。

答 千万《せんばん》

使い方　その程度の練習で試合に臨むとは、**笑止千万**だ。

22

やることをやったら、その結果は天に任せるということ。

人事《じんじ》を尽《つ》くして□を待《ま》つ

中国の東晋が国の存亡をかけて前秦と戦った時、東晋の将軍謝安は本営で囲碁を打っていましたが、東晋軍が勝利したという知らせにも、表情を変えなかったと言います。

そんな将軍の様子から、「**力の限りを尽くしたら、あとは天に任せる**」という、この言葉が生まれました。

答 天命《てんめい》

使い方　明日は試験なのに彼は落ち着いている。まさしく、**人事を尽くして天命を待つ**だ。

23 ものごとを誇張して言うこと。

針小《しんしょう》□

針のような小さなことを、棒のように大きく言うこと。つまりものごとを実際よりも大げさに言うことです。

似た意味の言葉に、「大言壮語《たいげんそうご》」がありますが、こちらは、**できそうにもないことを大げさに言うこと**なので、使い分けに気をつけましょう。

答 棒大《ぼうだい》

使い方 彼の話はいつも**針小棒大**なので、信用できない。

24 仲間同士で競い合って能力を向上させること。

切磋《せっさ》□

「切」（刻む）、「磋」（やすりで磨く）、「琢」（打つ）、「磨」（磨く）の四文字どれもが「**骨や石などを刻み、磨き上げること**」を意味し、「努力を重ねることや、友人同士で競い合って能力を向上させること」を表します。

出典は、中国最古の詩集『詩経』ですが、『論語』の中でも引用されています。

答 琢磨《たくま》

使い方 そのチームは仲間同士で**切磋琢磨**し、レベルを向上させていった。

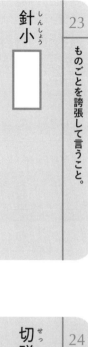

25 千年に一度しかないような、絶好の機会のこと。

千載《せんざい》□

「載」は「歳（年）」と同じ意味で、「千載」は「千年」のこと。「遇」は「思いがけない出会い」を表します。全体で**「千年に一度しか巡り合わないような、絶好の機会」**となるこの四字熟語は、「千載一遇の好機」や「千載一遇のチャンス」などのように使います。

使い方　**千載一遇**のチャンスを掴《つか》み、彼は海外で活躍するビジネスマンになった。

答　一遇《いちぐう》

26 善も悪も分け隔《へだ》てなく受け入れること。

□併《あわ》せ呑《の》む

「清濁」は「善と悪」を表す言葉。つまり「清濁併せ呑む」で「善も悪もすべてを受け入れること」を言い、**政治家やリーダーなどの度量の大きさを表す際によく使われます。**

中国の歴史書『史記』にある「法令は統治の手段であり、清濁を裁くものではない」という意味の記述が出典とされています。

使い方　**清濁併せ呑む**ような包容力は、リーダーに欠かせないものだ。

答　清濁《せいだく》

27

方針が絶えず変わり、一定しないこと。

□暮改《ぼかい》

『漢書《かんじょ》』に由来する言葉で、「朝に出した命令を、夕方にはもう改める」ということから、「**命令や方針がめまぐるしく変わって定まらないこと**」を表します。

似た意味の言葉には「二転三転」があり、反対に「最初から最後まで態度が一貫していること」は「首尾一貫」と言います。

答 朝令《ちょうれい》

使い方 彼の指示はいつも**朝令暮改**なので、部下たちは振り回されている。

28

深く考えを巡らせ、遠い先々を見通すこと。

深謀《しんぼう》□

「深謀」は、「**前もって深く考えを巡らせておくこと**」。「遠慮」は「**遠い先々のことまで考えること**」を表します。前漢の『過《か》秦論《しんろん》』という書の中で、「陳勝は、地位もなく、武器も優れず、深謀遠慮の点でも優れていたわけではないが、指導者として成功した」と記されています。

答 遠慮《えんりょ》

使い方 **深謀遠慮**な性格の彼は、同僚を相手に交渉の予行演習をしている。

29

切羽《せっぱ》詰まった状況で覚悟の上で事にあたること。

□の陣《じん》

韓信《かんしん》（→P204）という武将が、軍の指揮を任され、敢《あ》えて川を背にして陣立てすることで、味方に覚悟を固めさせたという戦法に由来するもの。

この故事に由来し、「**絶体絶命の状況の中で全力を尽くして事にあたること**」を「背水の陣」と言うようになりました。

使い方 失敗の許されないこの商談に、**背水の陣**で臨む。

答 背水《はいすい》

30

様々な議論を戦わせること。

□争論《そうろん》

「**意見の異なる人が様々な事柄について議論を戦わせること**」を意味する言葉で、福沢諭吉の『文明論之概略』の中の「自由の気風は唯《ただ》多事争論の間に在《あ》りて存するものと知る可《べ》し」という一節が元となっています。

「争論」は「賛成派と反対派が激しく争論する」というように使うこともできます。

使い方 様々な立場の人が集まるその会議は、毎回**多事争論**が繰り広げられる。

答 多事《たじ》

31

わずかな時間も置かないさま。

□を容《い》れず

「深い淵《ふち》の底に落ちてしまったら、出ようにも、隙間に一本の髪の毛さえ入らないほどでしょう」と王を諫《いさ》めた言葉から転じ、「**ほとんど間を置かず**」という意味で使われています。

「かんぱつ」と読むのは誤り。「かんはつ」と正しく読みましょう。

答　間髪《かんはつ》

使い方　私が主張を述べると、彼は**間髪を容れず**それに反論した。

32

仲間と行動や運命を共にすること。

一蓮《いちれん》□

これは仏教の言葉からで、「よい行いをした人は、死後に極楽浄土で仏と同じ蓮の花の上に生まれ変わる」とされていることから転じて、結果はどうであろうと、**仲間同士、運命を共にする際に使われる**ようになりました。

仲間との結びつきを深めたい時、この言葉はとても力があります。

答　托生《たくしょう》

使い方　ピンチの場面だが、我々は**一蓮托生**だ。

33 真の知識は、実践を通して得られるということ。

□合一《ごういつ》

中国の儒学者・王陽明《おうようめい》が説いた思想で、「知識（知）と行い（行）は一体のもの」であり、「**知っているのに行わないのは知らないのと同じだ**」という教えを表します。

この言葉は日本でも多くの人に影響を与え、吉田松陰の私塾である松下村塾には「知行合一」の掛け軸が掲げられていました。

答 知行《ちこう》

使い方 彼は頭でっかちになっている。**知行合一**を心がけた方がよい。

34 丁寧過ぎる態度や言葉が失礼になること。

□無礼《ぶれい》

「慇懃」とは「非常に丁寧なこと」。「慇懃なあいさつ」と言えば、「礼儀正しく、真心のこもったあいさつ」を表します。

しかし、たとえ丁寧な言葉でも使い過ぎたり、**過度に丁寧な態度であったりすると、相手を見下しているようで、かえって失礼になります**。これが「慇懃無礼」です。

答 慇懃《いんぎん》

使い方 そのような態度は**慇懃無礼**になるから、気をつけた方がよい。

35

自分の教訓となるような、他人の誤った行いのこと。

□の石《いし》

「他山の石以て玉を攻《おさ》むべし」が語源。「他の山の粗悪な石も、自分の玉を磨くのに役立つ」という意味で、「他山の石」は「**自分の教訓となる他人の誤った行い**」を表します。

類義語に「前車の覆《くつがえ》るは後車の戒《いまし》め」があります。これは「先人の失敗は後の人にとって戒《いまし》めとなる」という意味です。

答　他山《たざん》

使い方　彼の失礼な態度を**他山の石**とし、自分も取引先への言葉遣いに気をつけよう。

36

厚かましく、恥知らずなこと。

厚顔《こうがん》□

「厚顔」は「面《つら》の皮が厚く、図々《ずうずう》しいこと」。「無恥」は「恥知らずなこと」を意味します。「無知」と書き間違えないようにしましょう。

類義語には「鉄面皮《てつめんぴ》」があり、「鉄でできた面の皮」という言葉通り、「**ひどく厚かましいこと**」を表します。どちらも相手に向かって直接言うには、相当な覚悟が必要です。

答　無恥《むち》

使い方　あれほど迷惑を掛けたのに平気な顔をしているなんて、彼は**厚顔無恥**だ。

37

根拠がなくでたらめであること。

荒唐《こうとう》□

『荘子《そうし》』に出てくる「荒唐之言」と、『書《しょ》経《きょう》』に出てくる「無稽之言」。どちらも「**とりとめがなく、でたらめなこと**」を表す言葉で、この二つを組み合わせて「荒唐無稽」となりました。『書経』の中で、「無稽の言は聴くことなかれ」と言われているように、現代でもネガティブな意味で使われます。

答 **無稽《むけい》**

使い方 彼のアイデアは**荒唐無稽**で、誰からも支持されなかった。

38

礼儀を尽くして仕事を依頼すること。

□の礼《れい》

『三国志』の英雄、劉備《りゅうび》が諸葛孔明《しょかつこうめい》を軍師として招くため、自ら三度も彼の家を訪ねたというエピソードに由来する言葉です。

この場面は創作だとされていますが、このように、たとえ年齢や立場が上であっても「**礼儀を尽くして仕事を依頼すること**」を「三顧の礼」と言います。

答 **三顧《さんこ》**

使い方 〝カリスマ営業マン〟の異名を持つ彼は、**三顧の礼**で我が社に迎えられた。

39 当意《とうい》□

機転を利かせて即座に対応すること。

「当意」は「その場で考え、工夫すること」。「即妙」は、「その場ですぐに働く知恵のこと」。柔軟性を表すこの二つの熟語を組み合わせ、「**機転を利かせて即座に対応すること**」表します。「当位即妙」（あらゆるものが、そのあり方のままで真理にかなっていること）という仏教用語が語源です。

答 即妙《そくみょう》

使い方 彼の**当意即妙**な受け答えは、その場を和ませた。

40 青天《せいてん》の□

予想もしない突然の出来事のこと。

南宋を代表する詩人、陸游《りくゆう》の詩が出典。病床に伏していた陸游は突然起き上がり、猛烈な勢いで詩を書き始めました。それを陸游は「眠っていた竜が突然天に昇り、青空（＝青天）に雷を響かせる（＝霹靂）かのようだった」と表現したことから、「**予想外の出来事**」を表すこの言葉が生まれました。

答 霹靂《へきれき》

使い方 彼がリーダーに就任したのは**青天の霹靂**だった。

41

幸福と災いは交互に訪れるものである。

□は糾《あざな》える縄《なわ》の如《ごと》し

縄は二本の紐《ひも》をより合わせて作られていて、それぞれの紐は上になったり、下になったり（糾う）しています。それと同じように**人生は、幸福（福）と災《わざわ》い（禍）の二つで構成されるもの**であり、どちらかだけが起こるのではなく、交互にやってくるものであるというたとえです。

使い方

禍福は糾える縄の如し。今は辛《つら》くても、きっとまた幸せがやってくる。

答 禍《か》福《ふく》

42

ほかに並ぶ者がいないほど優れた人のこと。

国《こく》士《し》□

「国士」は「**国でもっとも優れた人**」。「無双」は「**並ぶ者がいないこと**」を意味します。出典は『史記』で、漢王・劉邦《りゅうほう》の配下にあった武将・韓信が、待遇に納得できず国から脱走しようとしたところ、劉邦に対し家臣がこの言葉を用いて韓信を引き止めるよう進言したという故事に由来します。

使い方

彼は**国士無双**の営業だ。

答 無《む》双《そう》

43

□の功《こう》

貧しさに負けずに学び、大きな成果を手にすること。

中国の晋《しん》の時代、二人の**苦学生が貧しさに負けず勉強に打ち込んだこと**が由来となっています。一人は夏に蛍を袋に入れて書物を照らし、もう一人は冬に雪明かりを頼りに勉強しました。そして二人とも立派に出世したのです。この二つのエピソードを合わせて「蛍雪の功」と言うようになりました。

答 蛍雪《けいせつ》

使い方 彼は新聞配達をしながら大学を卒業し官僚になった。まさに**蛍雪の功**だ。

44

□に入《い》らずんば□を得《え》ず

危険を冒《おか》さなければ、目的を達成することはできない。

「**危険を冒さなければ、目的は達成できない**」という意味です。漢の将軍・班超《はんちょう》が、この言葉を用いて部下たちを鼓舞し、奇襲を成功させたことが由来となっています。

対義語には、「君子危うきに近寄らず（徳のある者は危険な所に近づこうとしない）」があります。

答 虎穴《こけつ》 虎児《こじ》

使い方 思い切って転職しよう。**虎穴に入らずんば虎児を得ず**だ！

45

見通しが立たず、どうしたらよいのか迷うこと。

五里《ごり》□

出典は『後漢書《ごかんしょ》』。仙術を好む張楷《ちょうかい》は、五里四方にわたって深い霧を立ち込めさせることができたといいます。これは自らの姿を霧の中に隠し、他人を惑わせる目的だったと言われています。そこから転じ、「五里霧中」は、「**霧の中にいるように、すっかり迷うこと**」を表すようになりました。

答 霧《む》中《ちゅう》

使い方 リーダーの辞任後、私たちは長らく**五里霧中**の状態だった。

46

食欲がわくこと。転じて、あるものごとに興味がわくこと。

□が動《うご》く

「食指」は「人差し指」のこと。中国の『春秋左氏伝《しゅんじゅうさしでん》』で、鄭《てい》の国の家臣・子公《しこう》の人差し指が突然動き、「これはごちそうにありつける前兆だ」と説明したというエピソードに由来し、「食欲が起こる」「**あるものごとに対して欲望が生じる**」という意味でこの言葉が使われるようになりました。

答 食《しょく》指《し》

使い方 その土地でとれた様々な海の幸が並んでいるのを見て、思わず**食指が動いた**。

47

助けがなく、どこを向いても敵だらけの状況のこと。

四面《しめん》□

項羽《こうう》と劉邦《りゅうほう》との戦いの終盤、項羽は砦に立てこもり、劉邦の軍に包囲されます。やがて劉邦陣営から、項羽の母国・楚の歌が聞こえ、項羽は漢がすでに楚を手中にしたのだと思い、絶望しました。このことから、**どこを向いても敵だらけの状況**を「四面楚歌」と言うようになりました。

答 **楚歌《そか》**

使い方 その会議で彼の意見に賛成する人はおらず、**四面楚歌**となった。

48

安易に他人の意見に同調すること。

付和《ふわ》□

「付和」は「無批判に他人の説に従うこと」。「雷同」は「雷が鳴ると様々なものが共鳴するように、すぐに他人に同調すること」を表します。つまり「付和雷同」は、「**安易に周りの意見に流されること**」を言います。類義語の「唯々諾々《いいだくだく》」は、「自分に意見があっても、相手の言いなりになるさま」を表します。

答 **雷同《らいどう》**

使い方 せっかく会議に出ているのだから、**付和雷同**するだけでは意味がない。

49 一つのことで二つの利益を得ること。

一挙《いっきょ》□□

「一石二鳥」と同様、「**一つの行為で二つの利益を得ること**」。ある男が二頭の虎を退治するため、まずは虎同士を戦わせ、その争いで残った方を倒すことで二頭をしとめることができたという故事に由来します。

反対に、「一つの行動でほかのことまでだめになること」を「一挙両失」と言います。

答 両得《りょうとく》

使い方 ここでの仕事はお金を稼ぐだけでなく、自分の勉強にもなり**一挙両得**だ。

50 逃すことのできない絶好の機会のこと。

□□同時《どうじ》

「啐」は「雛《ひな》が卵の殻を内側から突いて音を出すこと」、「啄」は「母鳥が殻を突き割ること」。この二つが同時に行われると殻は破れ、雛が生まれます。これは禅語で、「悟りを得ようとしている弟子に、師匠が教示を与えて導くこと」ですが、現代では「**絶好の機会**」という意味で使われます。

答 啐啄《そったく》

使い方 私が興味を持ったことを、母は惜しみなく教えてくれた。まさに**啐啄同時**だった。

51 他人の意見や批評に耳を貸さないこと。

□東風《とうふう》

出典は李白の詩「世人これを聞けば皆頭を掉《ふる》い東風の馬耳を射るが如き有り」。世間は心血を注いだ作品に関心を持たず、まるで馬が耳をなでる春の風（東風）に何も感じないでいるかのようだ、と世相《せそう》を嘆いたものです。

この詩を元に、「**他人の意見を受け流すこと**」を「馬耳東風」と言うようになりました。

答 馬耳《ばじ》

使い方　上司が何度忠告しても、彼は**馬耳東風**だ。

52 仲の悪い人同士でも共通の問題に対し協力すること。

□同舟《どうしゅう》

犬猿の仲の呉と越ですが、『孫子』では、「呉の人と越の人は憎みあっているが、同じ舟に乗り、強風で舟が転覆しそうになったら協力し合うだろう」と書かれています。これが本来の「呉越同舟」の意味です。現代の日本では、「**仲の悪い者同士が同じ場所にいること**」を表すことがほとんどです。

答 呉越《ごえつ》

使い方　ライバル社と**呉越同舟**でプロジェクトを進めることになった。

53

軽率で後先を考えない行いのこと。

軽挙《けいきょ》□

「軽はずみな行い」を表す「軽挙」と、「後先を考えない無分別な行い」を表す「妄動」。よく似た言葉を重ねて意味を強調しています。「軽挙妄動を慎《つつし》むように」などと、**慎重さを求められる場面で戒《いまし》めの言葉**として使われます。反対に、「慎重に考えて判断すること」を「思慮分別」と言います。

答 **妄動《もうどう》**

使い方 商談という大事な場面で、**軽挙妄動**は許されない。

54

まとまりがなく、ただ集まっているだけの状態のこと。

□の衆《しゅう》

「烏合」とは「カラスの集団」のこと。まとまりなく鳴いているカラスの群れのように、「規律がなく、**ただ人数が多いだけの群衆の様子**」を表しています。
この言葉は『後漢書』が出典で、「烏合の衆を蹴散らすのは、枯木を折るようなものだ」という言葉があります。

答 **烏合《うごう》**

使い方 偉大な監督が去り、そのチームは**烏合の衆**と化した。

55

相手の取り計らいに謹んで喜ぶこと。

□至極《しごく》

改まった場面で使える言葉で、メールや手紙に使うのに便利です。「恐悦」は、**相手の取り計らいに対して恐れ謹むこと**で、「恐悦に存じます」という使い方もできます。

また、「極めて」という意味を表す「至極」は「残念至極」「迷惑至極」など様々な言葉を強調するのに使われます。

答 恐悦《きょうえつ》

使い方 「そのようなお言葉を頂き、**恐悦至極**に存じます」

56

正義と分かっていながら実行しないのは勇気が無いのと同じことである。

□を見《み》てせざるは□なきなり

『論語』の中の言葉で、「義」は「人としてするべき正しい行い」のこと。つまり、「**正しい行いと分かっていながら、それをしないのは勇気がないからだ**」という意味です。

「勇」は「知」や「仁」と共に「三徳」と言われ、「知の人は惑わず、仁の人は憂《うれ》えず、勇の人は恐れず」と言います。

答 義《ぎ》 勇《ゆう》

使い方 **義を見てせざるは勇なきなり**、あのお年寄りに席を譲ろう。

57

こじれた問題を見事に解決すること。

快刀《かいとう》□を断《た》つ

「快刀」は「鋭い刀」、「乱麻」は絡《から》まった麻糸のこと。つまり、「**こじれたものごとを鮮やかに解決するさま**」を表しています。

北斉《ほくせい》の国を築いた高歓《こうかん》が、息子らに、「もつれた糸を元に戻せ」と命じ、ただ一人刀を抜いて糸を分断した次男に、指導者としての資質を見出したという故事に由来します。

答 乱麻《らんま》

使い方　議論は混迷したが、彼が**快刀乱麻を断つ**ように結論を導き出した。

58

危機が迫り、生き残れるかどうかの瀬戸際であること。

□の秋《とき》

生きるか死ぬかの瀬戸際であることを指す成句です。「秋」と書いて「とき」と読みますが、これは秋が農耕社会で重要な収穫時期であることに由来しています。

諸葛孔明《しょかつこうめい》は主君である劉禅《りゅうぜん》に提出する「出師《すいし》の表」の中でこの言葉を使い、国が存亡の危機であることを伝えました。

答 危急存亡《ききゅうそんぼう》

使い方　不況のあおりを受け、我が社も**危急存亡の秋**だが、力を合わせて乗り切ろう。

59 辛《つら》い状況に置かれ、悩み苦しむこと。

艱難《かんなん》□

「艱難」は「困難な目にあい、悩み苦しむこと」、続く「辛苦」は「辛い苦しみ」を意味します。この言葉を合わせて、「**困難な状況に置かれ、苦しい思いをすること**」を表しています。

また、「人は、辛い状況を乗り越えてこそ、立派な人間に成長できる」という意味を表す「艱難汝《なんじ》を玉《たま》にす」という言葉もあります。

答 辛苦《しんく》

使い方　彼は**艱難辛苦**を乗り越え、立派な政治家になった。

60 窮地に陥《おちい》った弱者が反撃に出ること。

□猫《ねこ》を噛《か》む

「窮地に陥った鼠《ねずみ》は猫を噛む」というたとえから、「**弱いものが追い詰められ、捨て身の反撃に出ること**」を表します。

前漢の時代、財政難で塩や鉄の専売制を巡っての議論の中で、ある学者が「窮鼠狸《たぬき》を噛む」とたとえ、「追い詰められた国民は反乱を起こす」と述べたことに由来します。

答 窮鼠《きゅうそ》

使い方　彼が上司をパワハラで訴えるとは、まさに**窮鼠猫を噛む**だ。

61

組織を思いのままに仕切ること。

□を執《と》る

春秋時代、諸侯らが同盟を結ぶ際、盟主が牛の耳を切り落とし、その血を順番に吸って忠誠を誓いました。そのことから、同盟の盟主や組織の中心になることを「牛耳を執る」「牛耳る」と言うようになりました。

現代では、「**組織を仕切ったり意のままに動かしたりすること**」を表します。

答　牛耳《ぎゅうじ》

使い方　いつの間にか彼が組織の**牛耳を執る**ようになり、人事にまで口を出すようになった。

62

苦し紛《まぎ》れに考え出した手立てのこと。

□の計《けい》

『三国志演義』の「赤壁《せきへき》の戦い」で呉《ご》の老将・黄蓋《こうがい》が、わざと味方に自分を鞭打ちの刑にさせて、敵である曹操《そうそう》軍に潜り込み、軍船に火を放って曹操軍を壊滅させたというエピソードが元になっています。

現代では「**苦し紛れに考えた手段**」という意味で使われることが多い言葉です。

答　苦肉《くにく》

使い方　同僚の都合が悪くなり、**苦肉の計**で後輩をプレゼンに同席させることにした。

63

目標のために厳しい努力を重ねること。

臥薪《がしん》□

「臥薪」は薪《たきぎ》の上で寝ること、「嘗胆」は肝《きも》を嘗《な》めることです。呉の王は父の仇を討つため、薪の上で寝るという苦行を自らに課し、越の王に勝利しました。敗れた越の王は獣の肝を嘗め、報復を誓いました。

このように**目標達成のために苦しい努力を重ねること**を「臥薪嘗胆」と言います。

答　嘗胆《しょうたん》

使い方　**臥薪嘗胆**の末、ようやく大きな契約にこぎつけた。

64

若者はこれからの可能性があり、見くびってはいけないということ。

□畏《おそ》るべし

「後生」は「自分より後に生まれた人」。出典は『論語』で「若者はこの先どんな優れた人物になるか分からない。どうして**これからの人が今の自分に及ばないと言うことができるのか**」と説いたといいます。

「今時の若者はなっていない」という意味での使い方は誤りなので注意しましょう。

答　後生《こうせい》

使い方　その若者の指摘は鋭く、返答に窮《きゅう》してしまった。まさに**後生畏るべし**だ。

65

何が幸福になり、何が不幸になるかは予測がつかないこと。

□が馬《うま》

「ある時、国境の塞《とりで》の近くに住む翁《おきな》の馬が逃げてしまったが、やがて別の駿馬《しゅんめ》を連れて帰ってきた。今度は翁の子が落馬して怪我をしたが、それで戦争に行かずにすんだので長生きすることができた」という話が元になり、「**人の幸不幸は予測できないこと**」を表します。

使い方

解雇されたことがきっかけで起業し、成功した。まさに**塞翁が馬**だ。

答 塞翁《さいおう》

66

権力者の力に頼って威張る小人のこと。

□の威《い》を借《か》る狐《きつね》

ある狐が、自分を食べようとする虎に「天の神が私を百獣の長として遣わしたのだから、私を食べてはいけない」と言い、その証拠に虎を自分の後ろに歩かせると皆が逃げ出したので、虎は、狐がやはり百獣の長なのだと思ったというたとえ話に由来する言葉。「**他人の権勢にまかせて威張る人**」を表します。

使い方

大物政治家を父親に持つ彼は、いつもえらそうな態度だが、しょせん**虎の威を借る狐**だ。

答 虎《とら》

67

ものごとに動じず、落ち着いている様子。

□自若《じじゃく》

「泰然」は「落ち着いていてものごとに動じないさま」。「自若」は「態度が乱れないさま」を表します。似た意味の言葉が組み合わさり、**慌《あわ》てず悠々としている様子**を表します。反対に、「慌てて混乱する様子」を「右往左往」、「予期しないことに遭遇し、慌てふためくこと」を「周章狼狽《しゅうしょうろうばい》」と言います。

答　泰然《たいぜん》

使い方　彼はどんなに不利な状況でも、**泰然自若**としている。

68

優秀な人の中で、もっとも優秀な存在。

白《はく》□

三国《さんごく》時代、「馬氏《ばし》の五常《ごじょう》」という優秀な五人兄弟がいましたが、その中でももっとも優秀だったのが、劉備《りゅうび》に仕えた馬良《ばりょう》でした。彼は眉《まゆ》に白い毛があり「白眉」と呼ばれていたため、この言葉は、「**優れた人の中でもっとも優れた人のこと**」を表すようになりました。ちなみに、この兄弟の一人は馬謖《ばしょく》です。

答　眉《び》

使い方　優秀な人が集まるあの会社の中でも、彼は**白眉**と言えるだろう。

69

何かに恐れ、びくびくする様子。

戦戦《せんせん》□

「戦々恐々」と書くのが一般的ですが、本来の表記は「戦戦兢兢」です。

出典の『詩経』には、「戦戦兢兢として深《しん》淵《えん》に臨《のぞ》んで、薄氷《はくひょう》を履《ふ》むがごとし」という文があり「用心深く行動すること」を意味しましたが、現代では「**何かを恐れてびくびくする様子**」を表すことがほとんどです。

答 兢兢《きょうきょう》

使い方　A社がこの事業に参入するというニュースに、ライバル各社は**戦戦兢兢**としている。

70

心配事がなくなり、ほっとすること。

□を開《ひら》く

中国の詩人、劉兼《りゅうけん》の詩『春遊』が出典。「愁眉」とは、心配のため眉《まゆ》を寄せること。

後漢の時代、都の女性たちの間で流行した、細く曲がった眉を描く化粧法が愁《うれ》いを帯びたように見えたことから、「愁眉を開く」で、「**それまで心配していたことがなくなり安心すること**」を意味します。

答 愁眉《しゅうび》

使い方　彼女の無事の知らせを聞き、私は**愁眉を開い**た。

71 疾《はや》きこと□の如《ごと》し

素早く行動すること。

武田軍が軍旗に掲げていたことで有名な「疾《はや》きこと風《かぜ》の如《ごと》し」（風林火山）の一部を抜き出したのがこの言葉で、「**風のように素早く行動すること**」を表します。元々この言葉は兵法書『孫子』から用いられたもの。戦国武将が軍旗に兵法を記すのは珍しいことだとされています。

使い方 「彼はもう商談のアポイントを取ったのか、**疾きこと風の如し**だな」

答 風《かぜ》

72 □を噬《か》む

すでに取り返しのつかなくなったことを悔やむこと。

「臍」は「へそ」。自分のへそを噛（噬）むのは不可能なことから、「**すでにどうにもならないことを悔やむ**」という意味で使われます。楚《そ》の文王《ぶんおう》が鄧《とう》の国に立ち寄った際、鄧の君主に甥たちが「この国を滅ぼすのはきっと文王だから、今殺さなければ臍を噬むことになる」と提言したことに由来します。

使い方 あの時、もう一度確認しておけばよかったと**臍を噬んだ。**

答 臍《ほぞ》

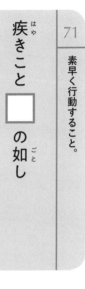

73

わだかまりがなくすっきりした心の様子。

□坦懐《たんかい》

「ものごとに対して先入観やこだわりを持たず、**心が素直で落ち着いている様子**」を表す成句です。また、「相手に対して、わだかまりがなく心を開いて接すること」にも使われます。

反対に、「何も無いのに疑いの気持ちを抱くこと」を「疑心暗鬼」と言います。

答 虚心《きょしん》

使い方 彼との長年のわだかまりが解け、**虚心坦懐**に話し合うことができた。

74

心の持ち方によって、苦痛を苦痛と感じなくなること。

心頭《しんとう》□すれば火《ひ》もまた涼《すず》し

杜《と》荀鶴《じゅんかく》の詩にある「**心の中にある雑念を取り払えば火さえ涼しく感じられる**」が出典。苦難の中にあっても、心の持ち方次第で苦痛を感じなくなることを表します。

日本では、恵林寺の快川《かいせん》和尚が織田軍に攻められ寺を焼き討ちにされた際、この言葉を唱えて火中に没したと言われています。

答 滅却《めっきゃく》

使い方 **心頭滅却すれば火もまた涼し。**この程度の怪我は乗り越えてみせる。

75

目先の利益に夢中になり、周囲が目に入らないこと。

□を逐《お》う者《もの》は山《やま》を見《み》ず

「獣《じゅう》を逐う者は目に太山《たいざん》を見ず」（目先の利益にとらわれ周囲の状況に気づかないこと）と、「鹿を逐う者は兎を顧《かえり》みず」（大きな利益のために小さな利益には目もくれないこと）の二つを組み合わせた故事成語。「**目先の利益ばかりに夢中になって、道理が分からなくなっていること**」を表します。

使い方

彼の発言は**鹿を逐う者は山を見ず**だ。もっと客観的な目で見るべきだ。

答 鹿《しか》

76

酒と食べ物をふんだんに並べた大宴会。

酒池《しゅち》□

殷《いん》の暴君・紂王《ちゅうおう》が贅沢三昧《ぜいたくざんまい》の宴会に明け暮れていたことに由来する言葉。紂王は**池に酒を満たし、肉の塊を吊して林にし、その間を裸の男女に走り回らせるという大宴会**を何日にもわたり開催したといいます。

ただし、「酒池肉林」という言葉そのものには性的な意味はありません。

使い方

その有名人は、**酒池肉林**の生活が明らかになり、イメージダウンは避けられない。

答 肉林《にくりん》

77

他人より先にものごとに着手すること。

□をつける

『晋書《しんじょ》』が出典。劉琨《りゅうこん》はライバルの祖逖《そてき》が先に手柄を立てないかと不安になり、友人への手紙に「自分より先に祖逖が馬に鞭《むち》を打って戦場に行き、功名をあげることを恐れている」と書いたことに由来します。

そこから転じ、「**他人より先にものごとを始めること**」を表すようになりました。

答 先鞭《せんべん》

使い方 当時この分野に**先鞭をつけた**A社は、今では日本を代表する大企業となった。

78

先頭に立ち、模範を示すこと。

□垂範《すいはん》

「範を垂れる」という表現もよく使われますが、「垂範」は「模範を示すこと」。「率先垂範」で、「**上に立つ者が、口先だけで指示するのではなく、自ら行動を起こし手本となること**」を表します。優れたリーダーに必要な素質だと言われるこの言葉を、座右の銘としている人も多いでしょう。

答 率先《そっせん》

使い方 部下を持ったら、命令するよりも**率先垂範**を心掛けるべきだ。

79

規律を守るため、愛する者であっても違反があれば厳しく処分すること。

泣《な》いて□を斬《き》る

「**親しい相手でも私情を挟まず、厳しく処分する**」という意味の成句。諸葛孔明《しょかつこうめい》の蜀《しょく》軍と魏《ぎ》軍との戦いで、孔明が重用《ちょうよう》していた臣下の馬謖を重要な箇所の司令官に抜擢《ばってき》しましたが、馬謖は指示に背《そむ》き蜀軍は大敗を喫しました。そのため、孔明は涙を流しながら彼を斬罪《ざんざい》することとなったのです。

答　馬《ば》謖《しょく》

使い方

その経営者は、**泣いて馬謖を斬る**思いでかわいがっていた部下を解雇した。

80

自分の力量をわきまえず、強敵に挑むこと。

□の斧《おの》

「蟷螂《かまきり》が前足を上げて、車を止めようとする」という故事に由来し、「**自分の力を過信して強敵に向かうこと**」や、「**はかない抵抗**」を表します。

また、「たとえ蟷螂の斧となろうとも…」という表現で、勝ち目がなくても挑戦するという、強い意気込みを表すこともできます。

答　蟷《とう》螂《ろう》

使い方

蟷螂の斧となろうとも、彼はその挑戦を諦めなかった。

81 人《ひと》を射《い》んとせば先《ま》ず□を射《い》よ

目標を達成するためには、まずは周辺から攻めるのがよい。

「馬に乗っている人を射止めようとするならば、まずは乗っている馬を射止めるのがよい」という意味。「大きな目的を達成するには周辺から片付けることが近道であること」「**相手を自分の意に従わせようとするなら相手の頼りにしているものから攻めるのがよい**」というたとえです。

使い方　彼は社長の理解を得るため、側近を説得した。まさに**人を射んとせば先ず馬を射よ**だ。

答　馬《うま》

82 □の嘆《たん》

活躍の機会がなく、嘆くこと。

官渡《かんと》の戦いに敗れ、荊州《けいしゅう》の劉表《りゅうひょう》の元に身を寄せていた劉備《りゅうび》が、馬に乗って戦場に行くことがなくなり、内股（髀）に無駄な肉がついてしまったことを嘆いたという故事に由来する言葉。「**実力を発揮する機会がないのを嘆くこと**」を表します。「髀肉を託《かこ》つ」と言うこともあります。

使い方　彼は専門外の部署に異動させられ、**髀肉の嘆**を洩《も》らした。

答　髀肉《ひにく》

83

生涯変わらない深い友情のこと。

□の交《まじ》わり

管仲《かんちゅう》と鮑叔《ほうしゅく》という二人のつき合いに由来し、「**生涯変わらない深い友情**」を表します。二人は若い頃一緒に商売をしていましたが、管仲が多く利益をとっても、彼の家が貧しいことを知る鮑叔は何も言いませんでした。管仲は後に「私を生んだのは父母だが、私を知っているのは鮑叔だ」と述べています。

答 管鮑《かんぽう》

使い方　彼らは**管鮑の交わり**だから、多少の言い争いで関係が悪化することはない。

84

他人に疑いをかけられるような行動はすべきでないということ。

□に履《くつ》を納《い》れず

瓜《うり》畑でしゃがむと、瓜を盗もうとしているのかと疑われるので、靴を履き直そうとしてはいけない。「**あらぬ疑いをかけられないように、行動に注意するべきだ**」ということを表しています。同様の表現に「李下《りか》に冠《かんむり》を正さず」（李《すもも》の木の下で冠を直そうとすると泥棒と間違われる）があります。

答 瓜田《かでん》

使い方　**瓜田に履を納れず**で、そのような行動は誤解を招くからやめた方がいい。

85

悲惨でむごたらしい状況のこと。

□叫喚《きょうかん》

仏教で八大地獄と言われる「阿鼻地獄」（身を焼かれ、苦しみ続ける極限の地獄）と「叫喚地獄」（釜茹《かまゆ》で地獄）が語源。それほど「**凄惨《せいさん》で、誰もが泣き叫ぶような状況**」を表現するのがこの言葉。現場がパニックになっているような場面を相手に伝える際にも、臨場感を出すことができます。

答 阿鼻《あび》

使い方 突然のサーバーダウンに、社内は**阿鼻叫喚**となった。

86

大組織の末端でいるより、小さな集団のトップにいる方がよいということ。

□となるも□となるなかれ

「牛の尻になるより、鶏の口でいる方がよい」という意味で、「**大きな組織の末端より、小さな組織のトップにいる方がよい**」ことのたとえです。ある思想家が韓の王に対し、この言葉を用いて「あなたのような賢者が秦《しん》の国に仕えるのは屈辱ではないか」と説得したことに由来します。

答 鶏口《けいこう》 牛後《ぎゅうご》

使い方 **鶏口となるも牛後となるなかれ**。起業して夢を叶えてみせる！

87

見かけは立派でも、実質が伴わないこと。

羊頭《ようとう》□

「羊頭を懸《か》けて狗肉を売る」の略。「看板には羊の頭を掲げながら、実際には狗（犬）の肉を売る」という意味で、「見かけが立派なものでも実質が伴っていないこと、**見掛け倒しであること**」を表します。店や商品などに対してクレームをつけたり、不満を示したりする表現なので、使い方に注意。

答 狗肉《くにく》

使い方 「メニューに載っている写真と、実物が全然違うじゃないか。これは**羊頭狗肉**だ！」

88

心が静かで落ち着いていること。

明鏡《めいきょう》□

「明鏡」は「曇りのない鏡」、「止水」は「波のない静かな水面」を表す言葉。「**邪念がなく心が落ち着いているさま**」を言います。出典は『荘子《そうし》』で、「鏡はよく磨かれていれば塵《ちり》がつくことはない」、「人は流水を鏡とせず、静止した水を鏡とする」という二つの文章を組み合わせた言葉です。

答 止水《しすい》

使い方 辛《つら》く悲しい日々を乗り越え、**明鏡止水**の境地に至った。

89

魑魅《ちみ》□

おどろおどろしい様々な化け物のこと。

「魑魅」も「魍魎」も「化け物」のこと。現代では**悪巧《わるだく》みをする者や私利私欲にまみれた人の比喩**として使われ、そのような人たちがはびこる様子を「魑魅魍魎が跋扈《ばっこ》する」と表現することもあります。

妖怪を表す四字熟語にはほかにも「妖怪変化《へんげ》」や「百鬼夜行」などがあります。

答　魍魎《もうりょう》

使い方　上層部では**魑魅魍魎**の権力争いが繰り広げられている。

90

乾坤《けんこん》□

運命をかけ、一か八かの大勝負に出ること。

「乾坤」は「天地」という意味で、「一擲」はサイコロを一ふりすること。つまり、「**サイコロを投げて天か地かの大勝負に出ること**」を表します。

この言葉は、休戦すると決めた敵の背後から一か八かの奇襲をかけたという、楚と漢の戦いでのエピソードに由来します。

答　一擲《いってき》

使い方　彼は**乾坤一擲**の新規事業で、会社の立て直しを図ろうとしている。

91

髪が逆立つほどの激しい怒りのこと。

□天《てん》を衝《つ》く

「怒髪」は「激しい怒りで逆立った髪のこと。「怒髪天を衝く」はその**怒りが天を突き上げるほどである**」ことのたとえです。「怒髪冠《かんむり》を衝く」という言葉もあります。出典は『史記』。藺相如《りんしょうじょ》という趙《ちょう》王の使いが、約束を守らない大国の秦王に対し頭髪を逆立てて怒ったという故事に由来します。

答 怒髪《どはつ》

使い方　大事なものを壊された彼の怒りは、**怒髪天を衝く**勢いだった。

92

悪事には必ず天罰が下るということ。

天網《てんもう》□疎《そ》にして漏《も》らさず

中国の思想書『老子』の一節、「天網恢恢疎にして失わず」が由来。「恢恢」は「大きくて広いこと」で、「疎」は「網の目が粗いこと」。つまり、「**天の網は大きくその網目は粗いが、悪人を網の目から漏らすことはない**」という意味。悪事には必ず天罰が下るという戒《いまし》めの意図を込めて使います。

答 恢恢《かいかい》

使い方　**天網恢々疎にして漏らさず**。誰も見ていなくても、曲がったことはしないと決めている。

93

不倶《ふぐ》□

強い恨みや憎しみのこと。

出典は中国の古典『礼記《らいき》』にある「父の讐《あだ》は倶《とも》に天を戴《いただ》かず」という一文。「**親の敵《かたき》とこの世に一緒に生きることはできないという強い恨み**」を表します。さらに、「兄弟の敵を討つには武器がなくても取りに帰らず、その場で戦う。友の敵とは同じ国に住まない」と続きます。

使い方　彼は友人にひどい暴言を吐かれ、それ以来**不倶戴天**の仲となった。

答　戴天《たいてん》

94

旗幟《きし》□

主義・主張がはっきりしていること。

「旗幟」は「合戦の際に使う旗と幟《のぼり》」を指し、「旗幟鮮明」で、「態度や主張がはっきりしていること」を意味します。**曖昧《あいまい》な態度をとる政治家やリーダーに対し、賛否を迫る場面で使われる**こともあります。「幟」を「しょく」と間違えて読んでしまわないように気をつけましょう。

使い方　「この意見に賛成なのか、反対なのか、**旗幟鮮明**にしてください」

答　鮮明《せんめい》

95

徳のある人の周りには自然と人が集まる。

□もの言《い》わざれども、下《した》自《おのずか》ら蹊《みち》を成《な》す

桃や李《すもも》は自ら何かを語らなくとも、その花が美しく、実が甘いことは誰もが知っているので、いつの間にか人が集まり、木の下には小道（蹊）ができる。つまり、「**徳のある人の周りには自然と人が集まるものだ**」という意味。『史記』の中で李広という名将を褒《ほ》め称《たた》える際に使われた言葉です。

答　桃李《とうり》

使い方　彼は寡黙《かもく》だが、多くの人に慕われている。まさに**桃李もの言わざれども、下自ら蹊を成す**だ。

96

徳のない者は、暇になるとよくない行いをしてしまう。

□して不善《ふぜん》をなす

中国の古典『大学』が出典の言葉です。「小人」は「君子」の対義語で、「品性の劣る人」のこと。そのような「**小人物は、とかく暇になるとよくない行いをしてしまう**」ということを表しています。ただし、「閑」（原文では「閒」）で「暇」という意味はないため、「人目につかない時は」と訳すこともあります。

答　小人閑居《しょうじんかんきょ》

使い方　**小人閑居して不善をなす**の言葉通り、彼は失職した途端、悪事を働くようになった。

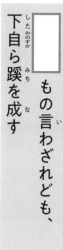

97

優れた人はどんなに多くの人の中にいても目立つということ。

嚢中《のうちゅう》の□

「袋（嚢）に入った錐は、外側からでもどこにあるか分かる」という意味。転じて、「**優れた人は多くの人の中でも目立つ**」ということを表します。趙《ちょう》の王族が、従者に立候補した食客（居候）に対し「才能のある人は嚢中の錐のように目立つが、君の評判は知らない」との故事に由来します。

答　錐《きり》

使い方　彼は**嚢中の錐**だから、どの部署に異動しても活躍できるだろう。

98

つまらない争いのこと。

□の争《あらそ》い

狭い世界での争いを意味する言葉。ある賢者が、「蝸牛《かたつむり》の左右の角《つの》にはそれぞれ国があり、領土を争って数万人が死んだ」という寓話《ぐうわ》と共に、「人間の争いも広大な宇宙から見ればちっぽけなことだ」と説いて、戦争を企《くわだ》てていた王の怒りを収めさせたという故事に由来しています。出典は『荘子』。

答　蝸《か》牛《ぎゅう》角《かく》上《じょう》

使い方　部署内の出世競争など、しょせんは**蝸牛角上の争い**だ。

99

多くの人の話題になること。

人口《じんこう》に□す

「膾」（なます）は、「細切りにした生肉による料理」を指します。また、「炙」は「炙《あぶ》った肉」のことです。どちらも美味しく、多くの人が口にすることから、「人口に膾炙す」（食べる、話題にする）で、「世間の人から広くもてはやされることや、**評判になること**」を表します。

答 膾炙《かいしゃ》

使い方

その店はテレビで取り上げられて以来、**人口に膾炙している**。

100

教育には環境を選ぶことが大切である。

孟母《もうぼ》□

「孟母」は孟子の母。孟子の家は墓の近くにあり、幼い孟子が葬式を真似するので市場の近くに転居しました。しかし今度は商人の真似をするので、学校の近くに引っ越すと、礼儀作法を真似るようになりました。この故事から、「**教育には環境が大切だ**」という意味の「孟母三遷」が生まれました。

答 三遷《さんせん》

使い方

孟母三遷の教えに従い、出産を機に閑静な場所へ引っ越すことにした。

す

せ

そ

た

ち

こ

さ

し

き

く

け

主要用語索引（五十音順）

[著者プロフィール]

齋藤孝（さいとう たかし）

1960年静岡県生まれ。東京大学法学部卒業後、同大大学院教育学研究科博士課程等を経て、明治大学文学部教授。専門は教育学、身体論、コミュニケーション論。ベストセラー作家、文化人として多くのメディアに登場。主な著書に『声に出して読みたい日本語』（草思社）、『大人の語彙力ノート』（SBクリエイティブ）、『大人の語彙力大全』（KADOKAWA）、『語彙力こそが教養である』（KADOKAWA）、『雑談力が上がる話し方』（ダイヤモンド社）など多数。著書発行部数は1000万部を超える。NHK Eテレ「にほんごであそぼ」総合指導。

編集協力　柳沢敬法・宇野真梨子
デザイン　宮下ヨシヲ（サイフォン グラフィカ）
撮影　長谷川博一
DTP　ハタ・メディア工房
校正　土井明弘
編集人　伊藤光恵（リベラル社）
営業　津村卓（リベラル社）

編集部　渡辺靖子・堀友香・山田吉之・安田卓馬
営業部　津田滋春・廣田修・青木ちはる・澤順二・大野勝司・竹本健志
制作・営業コーディネーター　仲野進

知的な話し方が身につく **教養としての日本語**

2020年7月26日　初版

著　者　齋藤孝
発行者　隅田直樹
発行所　株式会社　リベラル社
〒460-0008 名古屋市中区栄3-7-9 新鏡栄ビル8F
TEL 052-261-9101　FAX 052-261-9134　http://liberalsya.com
発　売　株式会社　星雲社（共同出版社・流通責任出版社）
〒112-0005 東京都文京区水道1-3-30
TEL 03-3868-3275

　ISBN978-4-434-27824-2